Wilhelm Kindermann   Zeichnen und Garnieren für Konditoren

Wilhelm Kindermann

ZEICHNEN UND GARNIEREN FÜR KONDITOREN

mit zahlreichen
konstruktiven Zeichnungen
und Bildern

4. Auflage

HUGO MATTHAES DRUCKEREI UND VERLAG
GMBH & CO. KG STUTTGART

Die Abbildungen auf dem Umschlag zeigen folgende Motive:

Werbestück: Geschäftseröffnung
Aus Karamel hergestellt, wobei zuerst das lilafarbene Karamel-bend gegossen und gebogen wird. Daran wird nun die milch-weiße Umrandung und dann das schokoladenfarbene Mittelteil gegossen. Das Motiv (Konditor) wird extra hergestellt und nach dem Ausgarnieren aufgelegt. Die beiden rechteckigen, gelben Stützen halten das Werbestück.

Festtagstorte: Wir gratulieren
Die Oberfläche wird in drei Feldern gestaltet, wobei die beiden Blumen als Motiv in der großen Fläche plaziert werden. Zum Schmücken finden Spritzschokolade, Fondant und Marmelade Verwendung.

ZEICHENMITTEL

Jede Arbeit verlangt das richtige Werkzeug. Zur Ausführung einer exakten Zeichnung benötigen wir bestimmte Zeichenmittel.

Es wird empfohlen:
Zeichenkarton, beste Qualität
Lineal (40 cm lang),
Bleistift Nr. 1 oder 2
Radiergummi (weich)
Stechzirkel
Bleistiftzirkel
Zirkel, klein (kombiniert)
Buntstifte (rot, gelb, blau, grün, schokobraun, erdbraun)

Für große Entwürfe (Formtorte und Werbestück):
Reißbrett
Reißschiene
Reißnägel
Schere, klein
Kurvenlineal

ISBN 3-87516-242-0

© 1966, 1978, 1982 und 1986 Hugo Matthaes Druckerei und Verlag GmbH & Co. KG Stuttgart

Printed in Germany – Imprimé en Allemagne

Herstellung: Hugo Matthaes Druckerei und Verlag GmbH & Co. KG Stuttgart

VORWORT

Diese Neuerscheinung ist entstanden aus der Überlegung, für den Konditor einen Leitfaden zum einfachen Zeichnen, einen Weg zum eigenen Gestalten zu weisen.

Um dieses Ziel für jeden erreichbar zu machen, wenden wir uns dem konstruktiven Zeichnen zu. Ein „Freihandzeichnen" lassen wir nur für eine kleine Handskizze gelten, sonst wird nur mit Zirkel und Lineal gezeichnet. Es dauert nur kurze Zeit, dann ist uns das Werkzeug so vertraut geworden — wir bekommen Übung, damit kehrt Erfolg und nicht zuletzt die Freude ein, die für ein erfolgreiches Arbeiten von Bedeutung ist. Erst wenn wir um das elementare Gestalten wissen, ob Quadrat, Herzform oder Sechseck, werden wir den Weg vom Ornament über die kleine Figur zum fertigen Entwurf finden.

Erst wenn man zeichnen kann, die Entwicklung im einzelnen bekannt ist, wird auch das Garnieren mit der Spritztüte viel leichter sein.

Das fleißige Üben ist notwendig, denn das alte Sprichwort gilt auch hier „Ohne Fleiß kein Preis!"

Die Vorlagen für moderne Tortengarnierungen oder die Entwürfe von Form- und Werbestücken, nicht zuletzt die ergänzenden Fotos, sollen Anregungen vermitteln, die zu neuen Ideen, zu anderen Entwürfen führen.

Ich hoffe und wünsche sehr, daß diese „Zeichen- und Garnierpraxis für Konditoren" eine Hilfe für Lehrlinge, Gesellen und Meister wird.

W. Kindermann

VORWORT

zur zweiten Auflage

Dieses Fachbuch hat sich in der Berufsausbildung auf den Arbeitsgebieten Zeichnen, Garnieren und Gestalten bestens bewährt.

Die Neuauflage habe ich überarbeitet, vervollständigt und durch 34 Buntaufnahmen von Torten, Werbestücken u. a. erweitert. Zu diesen Arbeitsgebieten geben konkrete Hinweise in Wort und Bild Auskunft über Herstellungsverfahren und verschiedene Techniken.

An Beispielen von Entwürfen wird der Weg zum konstruktiven Gestalten gewiesen. Vielen Konditoren ist somit eine Hilfe bei der Lösung der Aufgaben für die Gesellen- und Meisterprüfung gegeben worden.

Viel Freude und Erfolg

W. Kindermann

Zur vierten Auflage

Wenn sich ein Fachbuch zwanzig Jahre auf dem Markt behauptet, dann sagt das mehr über Qualität und Inhalt aus, als man hier in aller Kürze zum Ausdruck bringen kann.

Vor Jahren von Wilhelm Kindermann, dem unvergessenen Fachlehrer und Konditormeister, zusammengestellt, ist es fachlich-qualitative Richtschnur für eine ganze Branche. Mit dem sicheren Wissen eines erfahrenen Könners wurden schon in der ersten Auflage jegliche zur Kurzlebigkeit verurteilten Modetrends bewußt ausgeklammert. Das handwerklich Gereifte und zur Kunst Vervollkommnete — das wird über alle Zeitläufe hinweg Bestand haben. Und deshalb hat dieses Werk nichts von seiner fachlichen Aktualität eingebüßt.

Ein berufsspezifisches Lehr- und Anleitungsbuch liegt vor Ihnen, das, wie wir hoffen, nicht nur dem Nachwuchs eine Fülle von Anregungen vermitteln wird, sondern auch dem versierten Könner fachkundigen Rat und beruflichen Ansporn geben kann.

Der Verlag

INHALTSÜBERSICHT

KLEINE ZIRKELLEHRE

1. Errichten einer senkrechten Linie auf einer gegebenen waagerechten Linie

   Von Punkt A und Punkt B werden mit gleicher Zirkeleinstellung sich kreuzende Bogen nach oben und unten geschlagen. Schnittpunkte C und D verbinden.

2. Halbieren eines rechten Winkels

   Viertelkreisbogen um A mit dem Schnittpunkt D und E schlagen. Aus diesen Punkten Kreuzbogen nach M schlagen. Verbinde A mit M.

3. Rechten Winkel in 3 gleichgroße Winkel teilen

   Viertelkreisbogen um A zu dem Punkt D und E schlagen. Mit gleichem Halbmesser einen Kreisbogen aus D und E schlagen. Schnittpunkt, Linie von A nach F und A nach G.

4. Rechtwinkeliges Dreieck

   Viertelkreisbogen um A mit den Schnittpunkten C und D schlagen. Diese Punkte mit einer Linie verbinden.

5. Quadrat zeichnen

   Halbmesser gleich einer Seitenlänge. Viertelkreisbogen von A nach Schnittpunkt D und C schlagen, mit Reißschiene im rechten Winkel verlängern.

6. Rechteck zeichnen

   Errichten einer senkrechten und waagerechten Linie im rechten Winkel zueinander. Die Maße von Länge und Breite mit einem Stechzirkel übertragen. Schnittpunkt C und D im rechten Winkel verbinden.

7. Trapez zeichnen

   Errichten einer senkrechten und waagerechten Linie im rechten Winkel zueinander (B und D). Von A wird Schnittpunkt C und E geschlagen und im rechten Winkel zueinander verbunden. Kurze Seite von der oberen Längsseite abtragen. Verbinde A–G und E–F mit Linien.

8. Halbkreisbogen

   Waagerechte Linie mittels Reißschiene ziehen. Halbkreisbogen um C schlagen.

9. Kreisbogen (geschlossen)

   Mittelpunkt des Kreises bestimmen (C). Geschlossenen Kreisbogenschlag ausführen.

10. Kreisring

    Zwei nahe beieinander liegende Kreise. Mittelpunkt liegt bei beiden Kreisen gleich (C).

11. 2 gleichgroße Halbkreise mit versetztem Mittelpunkt C

    Waagerechte Linie ziehen, nach oben und unten Halbkreisbogen schlagen.

12. 2 gleichgroße Halbkreise durch kleine, senkrechte Linien miteinander verbunden.

    Auf 2 waagerechten Linien, die beliebig voneinander entfernt sein können, wird ein Halbkreisbogen mit gleichem Halbmesser geschlagen und durch eine senkrechte Linie miteinander verbunden.

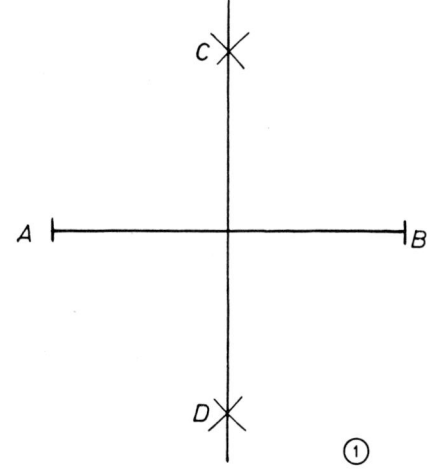

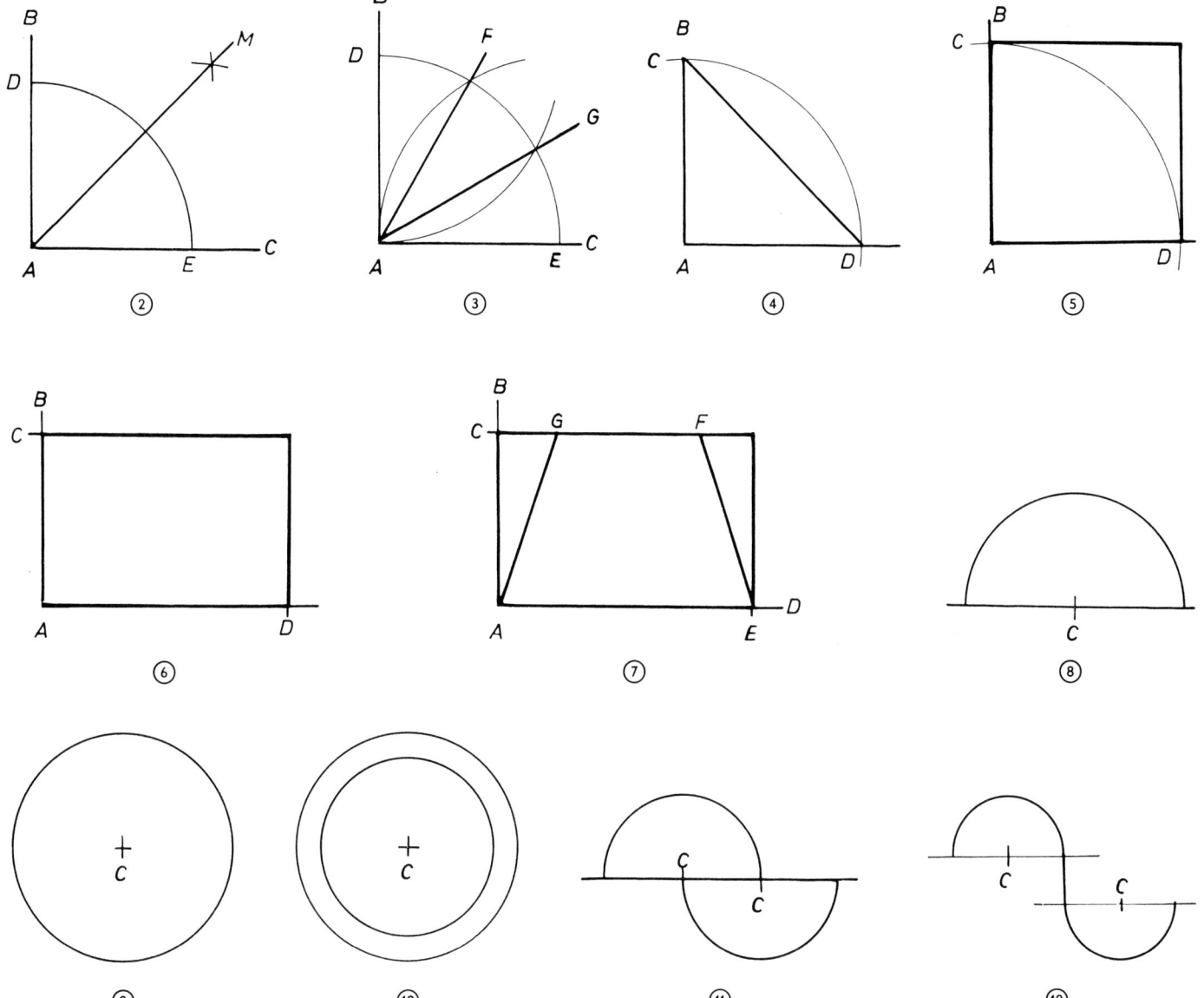

9

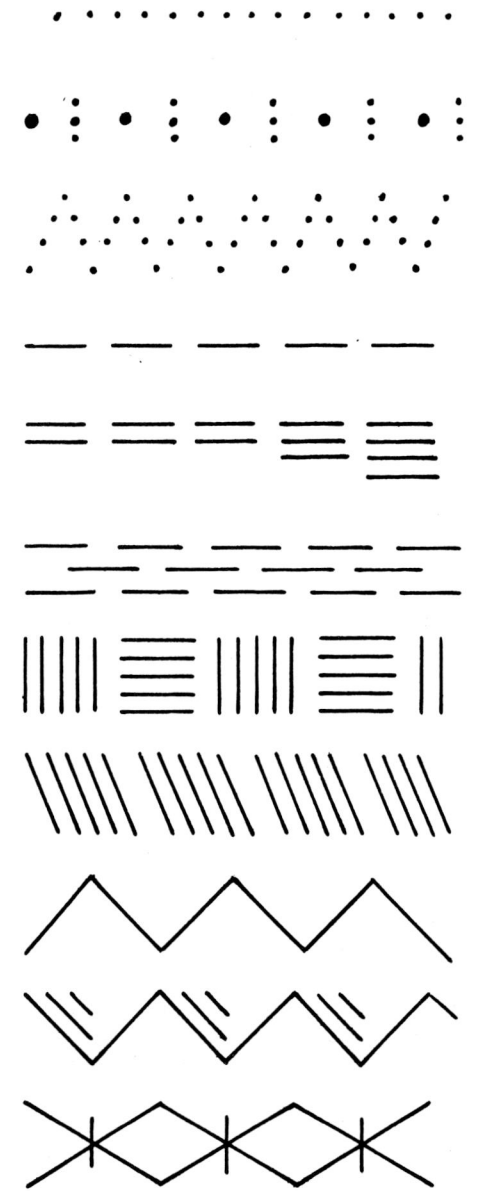

Die einfache Reihung der Punkte wirkt schmückend.

Symmetrische Anordnung wirkt als Muster, unregelmäßige Verteilung der Punkte belebt die Fläche.

Reihung der Punkte im Dreieck.

Unterbrochene Strichlinie.

Strichlinie 2-, 3- und 4fach angeordnet.

Beweglich erscheinen die 3 Strichlinien versetzt angeordnet.

Gruppierung von waagerechten und senkrechten Linien.

Gruppen von schrägen Strichen wirken unruhig.

Zickzack-Linien lockern eine Fläche auf.

Durch Striche in der Zickzack-Linie entsteht ein Ornament.

Fortlaufende Strichanordnung zu Rauten — schöne Randgarnierung.

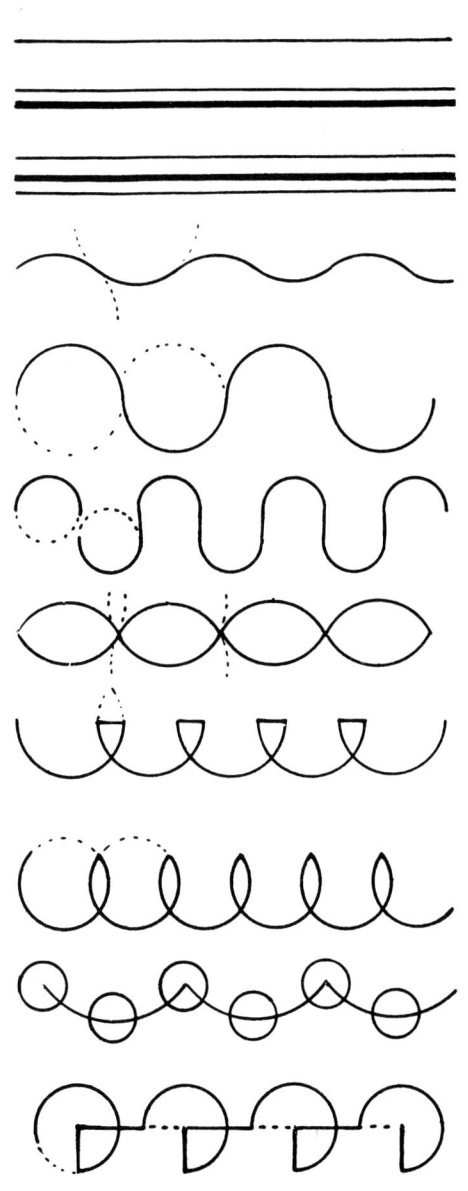

Gerade Linie wirkt begrenzend.

Schmale und breite Linie parallel laufend wirkt lebhaft.

Die Anordnung von 2 schmalen und 1 breiten Linie erscheint als Band.

Flache Wellenlinie lockert die Fläche auf.

Große, hohe Wellenlinie sollte nur bei großen Flächen Anwendung finden.

Steile Bogenlinie als Schmuck für Bänder geeignet.

Flache Schleifen wirken eleganter als stark gekrümmte.

Überschnittene Halbkreisbogen wirken beschwingt.

Fortlaufende Kreisschlaufen schmücken wirkungsvoll.

Girlandenkante als besonderer Schmuck.

Dreiviertel-Kreis mit Strichverbindung zeigt eigenwilligen Charakter.

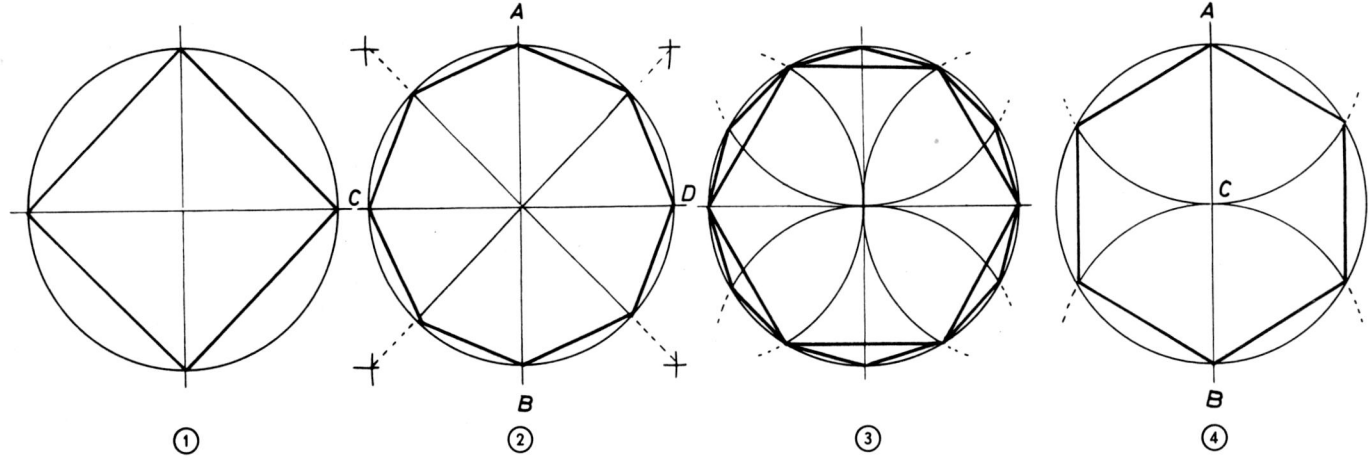

GESTALTUNG IM KREIS

1. Quadrat im Kreis gestaltet. Waagerechte und senkrechte Linie, Schnittpunkt liegt im Zentrum des Kreises.

2. Gleichseitiges Achteck in einem Kreis entwickelt. Vierteilung des Kreises durch waagerechte und senkrechte Linie durch den Mittelpunkt. Kreuzungspunkte außerhalb des Kreises durch Zirkelschlag von A–B–C–D, Abmessung Halbmesser des Kreises.

3. Gleichseitiges Sechs- und Zwölfeck in gegebenem Kreise. Vierteilung des Kreises durch waagrechte und senkrechte Linie durch den Mittelpunkt. Der Halbmesser des Kreises läßt sich sechsmal auf der Kreislinie abtragen. 4 Kreisbogen (Halbmesser) des Kreises helfen beim Gestalten des Zwölfeckes.

4. Gleichseitiges Sechseck im Kreis. Errichtung einer senkrechten Linie durch den Mittelpunkt. Kreisbogen (Halbmesser) von A und B durch das Zentrum schlagen, ergibt Sechsteilung.

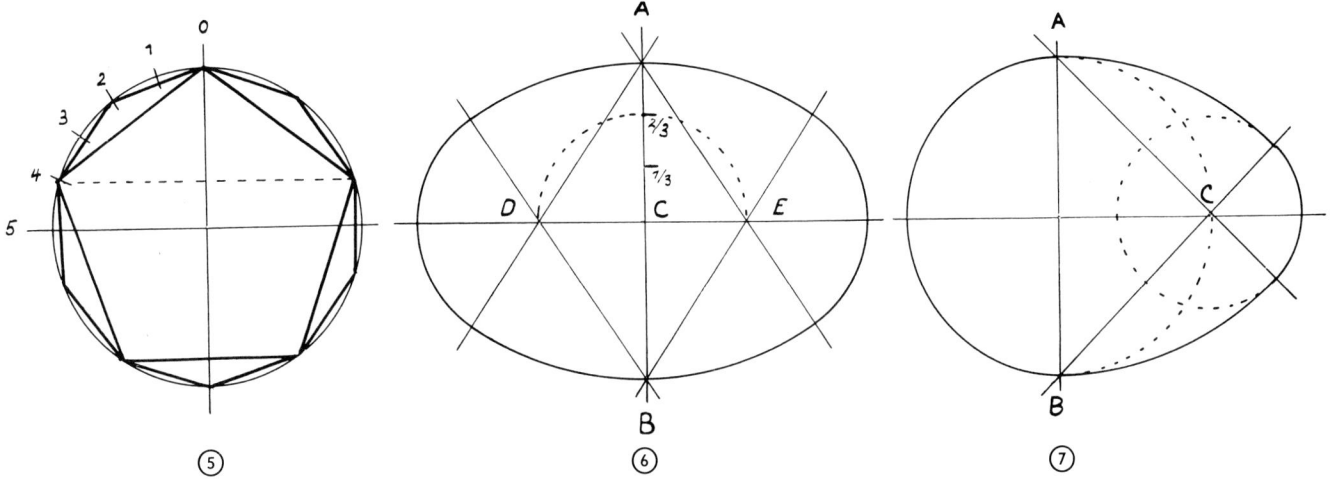

5. Gleichseitiges Fünfeck und Zehneck. Ein Viertel der Kreislinie wird mittels Stechzirkel in 5 gleich große Teile geteilt. Vierteilung des Kreises durch Anlage einer waagerechten und senkrechten Linie durch den Mittelpunkt. Die Strecke 0—4 ist die Seite des Fünfeckes, 0—2 ist die Seite des Zehneckes.

6. Die Ellipse mit 4 Einsatzpunkten. Senkrechte A—B kleine Achse. Die halbe kleine Achse in 3 gleiche Teile teilen. Um C mit 2 Teilen als Radius einen Kreisbogen schlagen. So werden die Zirkeleinsatzpunkte und die Teilkreise gefunden. Verbindungsbogen um D und E ziehen.

7. Die Eiform zeichnen. Errichte durch den Mittelpunkt eines Kreises eine senkrechte und eine längere waagerechte Linie. A—B—C sind die Zirkeleinsatzpunkte für die Kreisbogen.

13

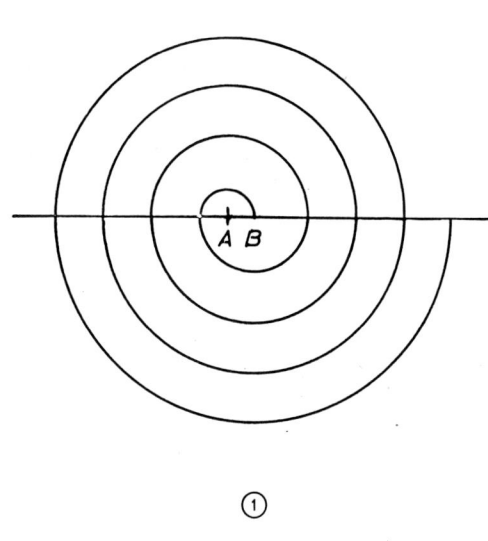

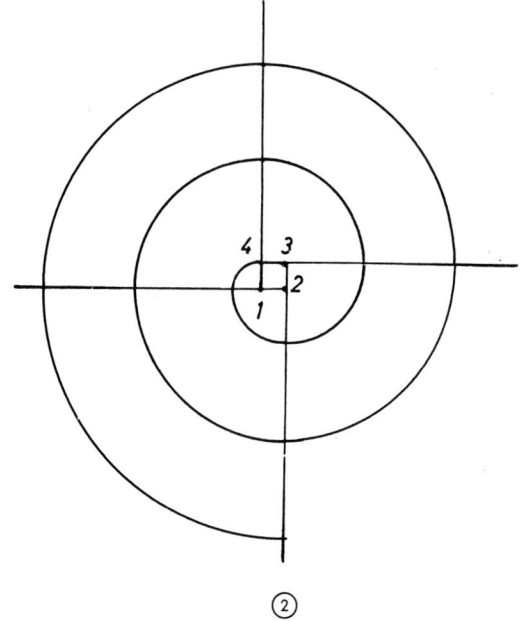

1. Spirale mit 2 Einsatzpunkten, sie wird aus Halbkreisen konstruiert. Auf einer waagerechten Linie werden 2 Punkte markiert. Im Wechsel wird um A und B ein Halbkreis geschlagen, der sich ständig um den Durchmesser des ersten, kleinen Halbkreises vergrößert.

2. Spirale mit 4 Einsatzpunkten, sie wird aus Viertelkreisen konstruiert. Um ein kleines Quadrat, dessen Seiten mit Hilfslinien verlängert werden, wird um 1 mit dem Halbmesser 1, 4 ein Viertelkreis geschlagen, es folgen nacheinander 2, 3, 4.

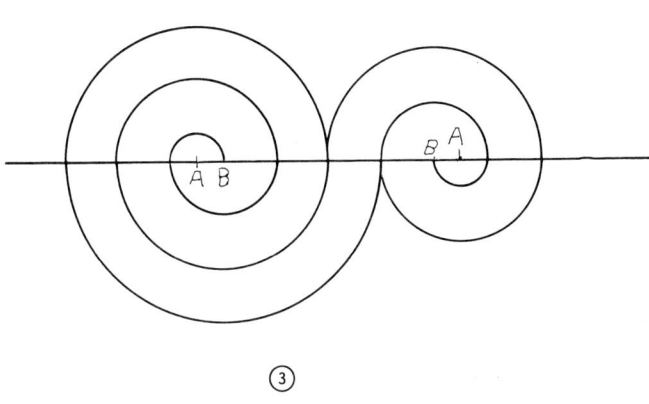

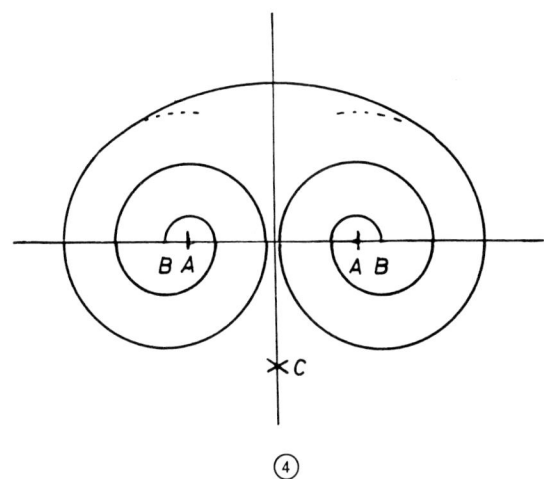

(3)

(4)

3. 2 Spiralen gegeneinander, mit je 2 Einsatzpunkten. Konstruktion aus Halbkreisen, wie schon beschrieben.

4. 2 Spiralen zueinander mit je 2 Einsatzpunkten. Nach Konstruktion der 1. Spirale Errichten einer senkrechten Linie, die später nach Fertigstellung der 2. Spirale den Einsatzpunkt C zum Verbinden der beiden Spiralen durch einen Kreisschlag gibt.

5. Herzform, 2 Spiralen gegeneinander werden nach der gleichen Regel konstruiert, mit 2 Einsatzpunkten, wie schon beschrieben. Beide äußeren Halbkreise der Spiralen werden zum Punkt C verlängert.

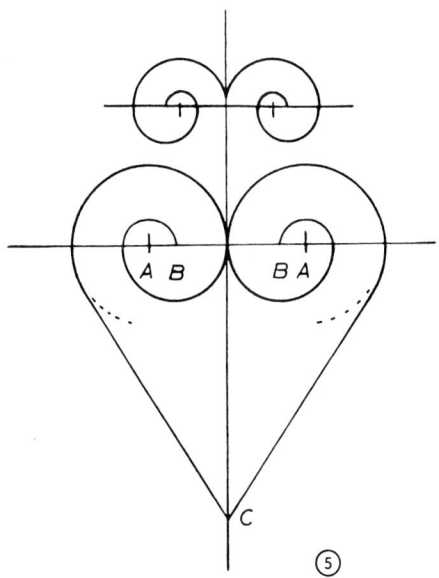

(5)

15

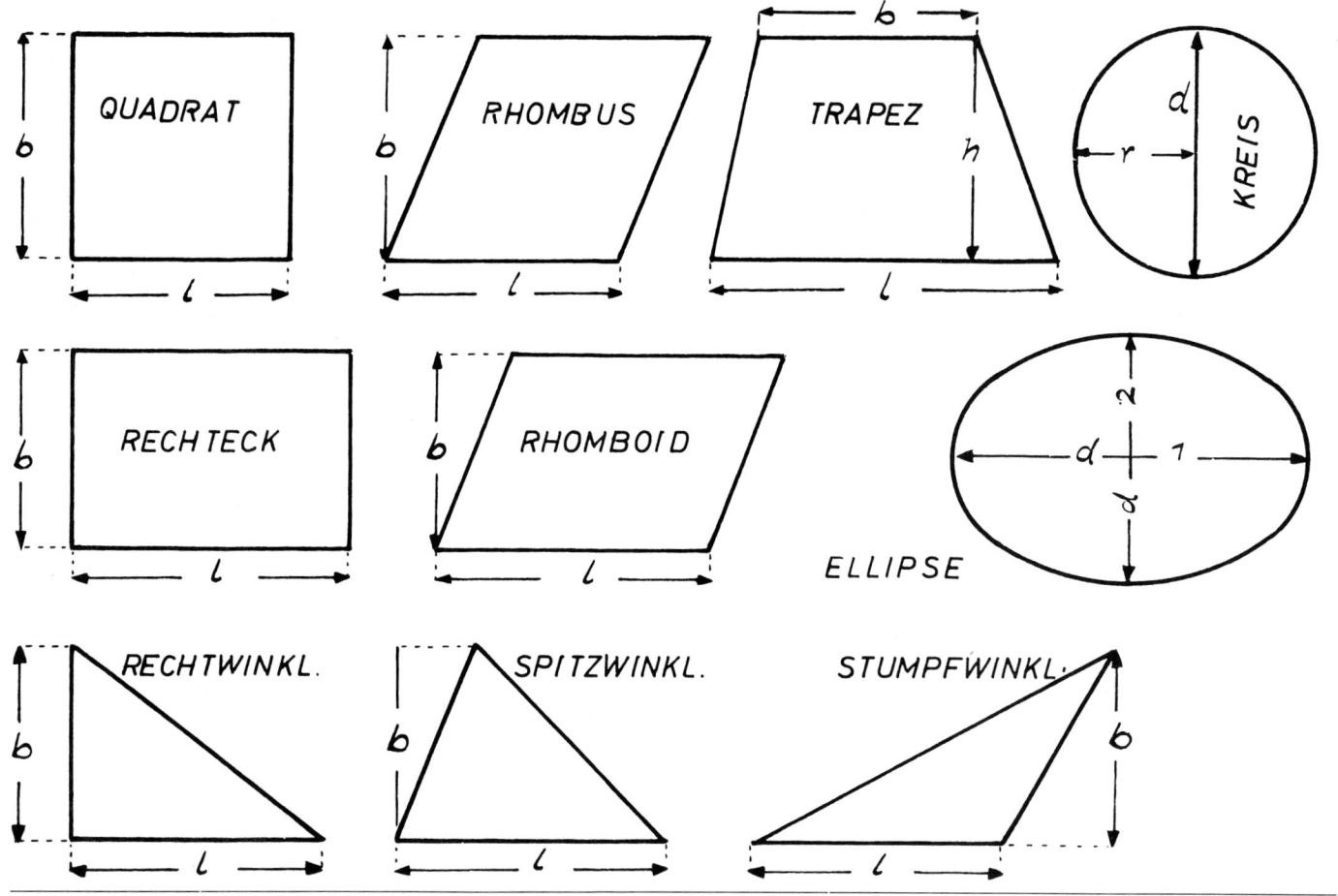

Flächenberechnung

l = Länge	U = Umfang
b = Breite	F = Fläche
h = Höhe	π = 3,14
d = Durchmesser	
r = Halbmesser	$\dfrac{\pi}{4}$ = 0,785

Quadrat + Rhombus
$$F = l \cdot b$$

Trapez
$$F = \frac{l + b}{2} \cdot h$$

Kreis
$$F = 0,785 \cdot d^2$$
$$U = 3,14 \cdot d$$

Ellipse
$$F = 0,785 \cdot d^1 \cdot d^2$$
$$U = 3,14 \cdot \left(\frac{d^1 + d^2}{2}\right)$$

Rechteck + Rhomboid
$$F = l \cdot b$$

Dreiecke
$$F = \frac{l \cdot b}{2}$$

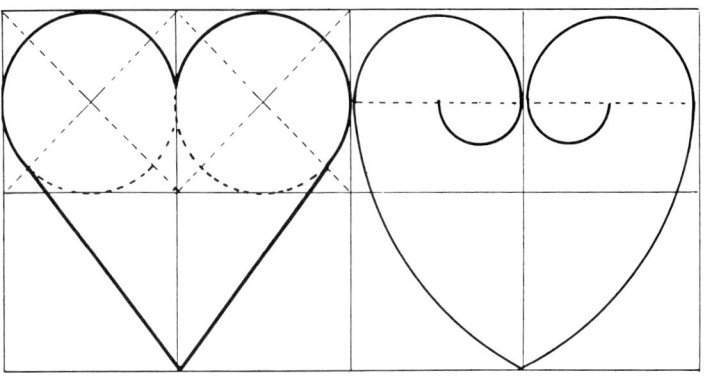

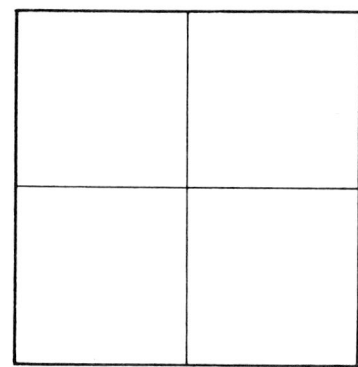

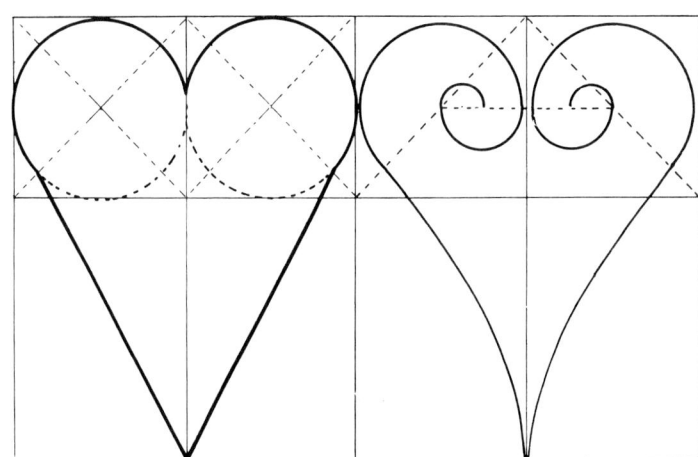

HERZFORMEN

1 und 2 sind aus einem Quadrat konstruiert. Mittelwaagerechte und Mittelsenkrechte unterteilen in 4 kleine Quadrate. Diagonallinien geben Mittelpunkt und Begrenzung des Kreises. Die Herzspitze kann aus geraden oder gebogenen Linien gestaltet werden. 3 und 4 konstruiert in einem Rechteck. Durch Verlängerung der geraden Schenkel, die auch nach innen gebogen sein können, erreichen wir die gestreckte Herzform.

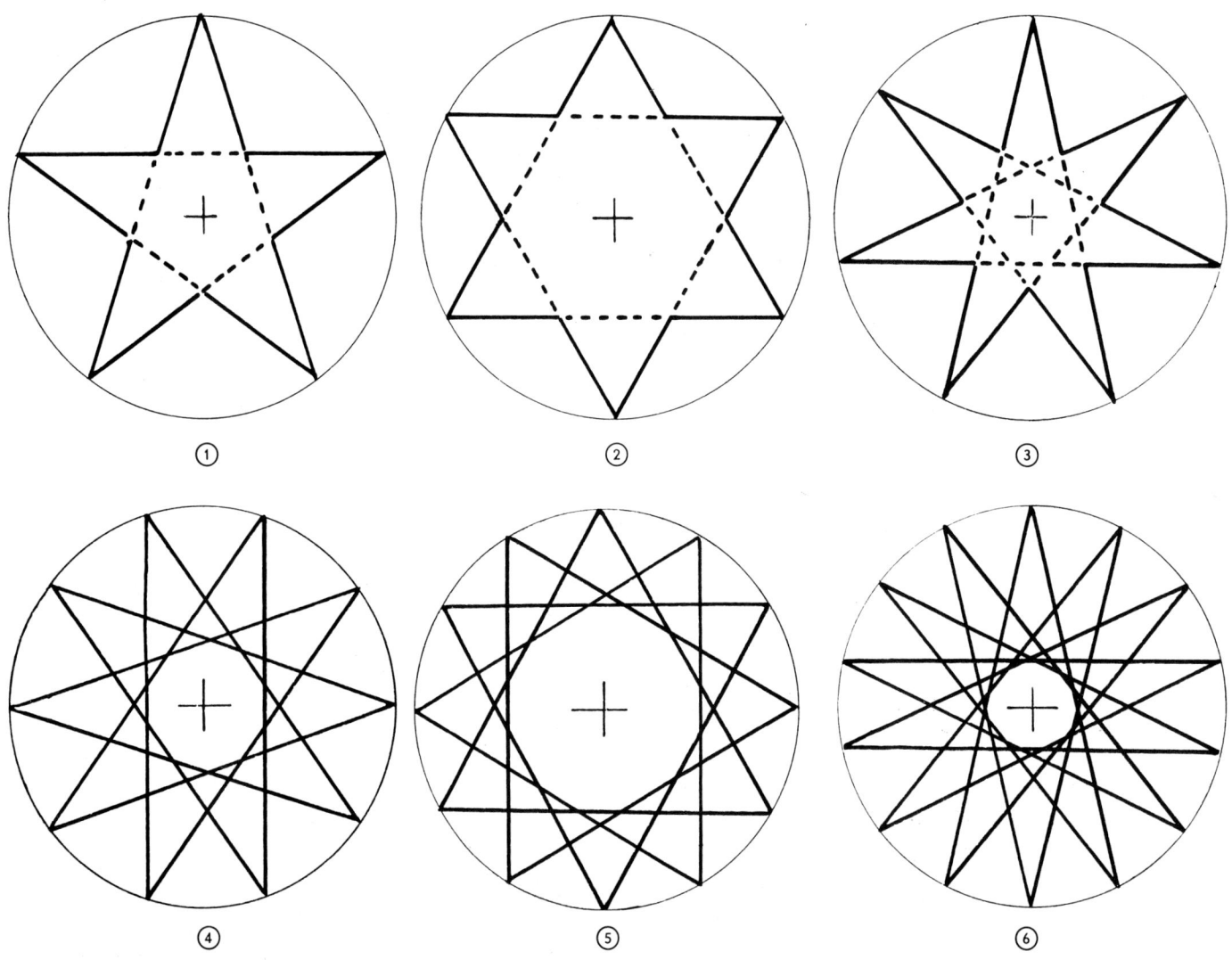

① ② ③

④ ⑤ ⑥

STERNE

Besonders für weihnachtliche Motive finden Sterne Verwendung. Der Stern wird im Kreis konstruiert.

Kreislinie wird in gleichgroße Teile (Zahl der Sternzacken) geteilt. Siehe auch Seite 12 (Gestaltung im Kreis).

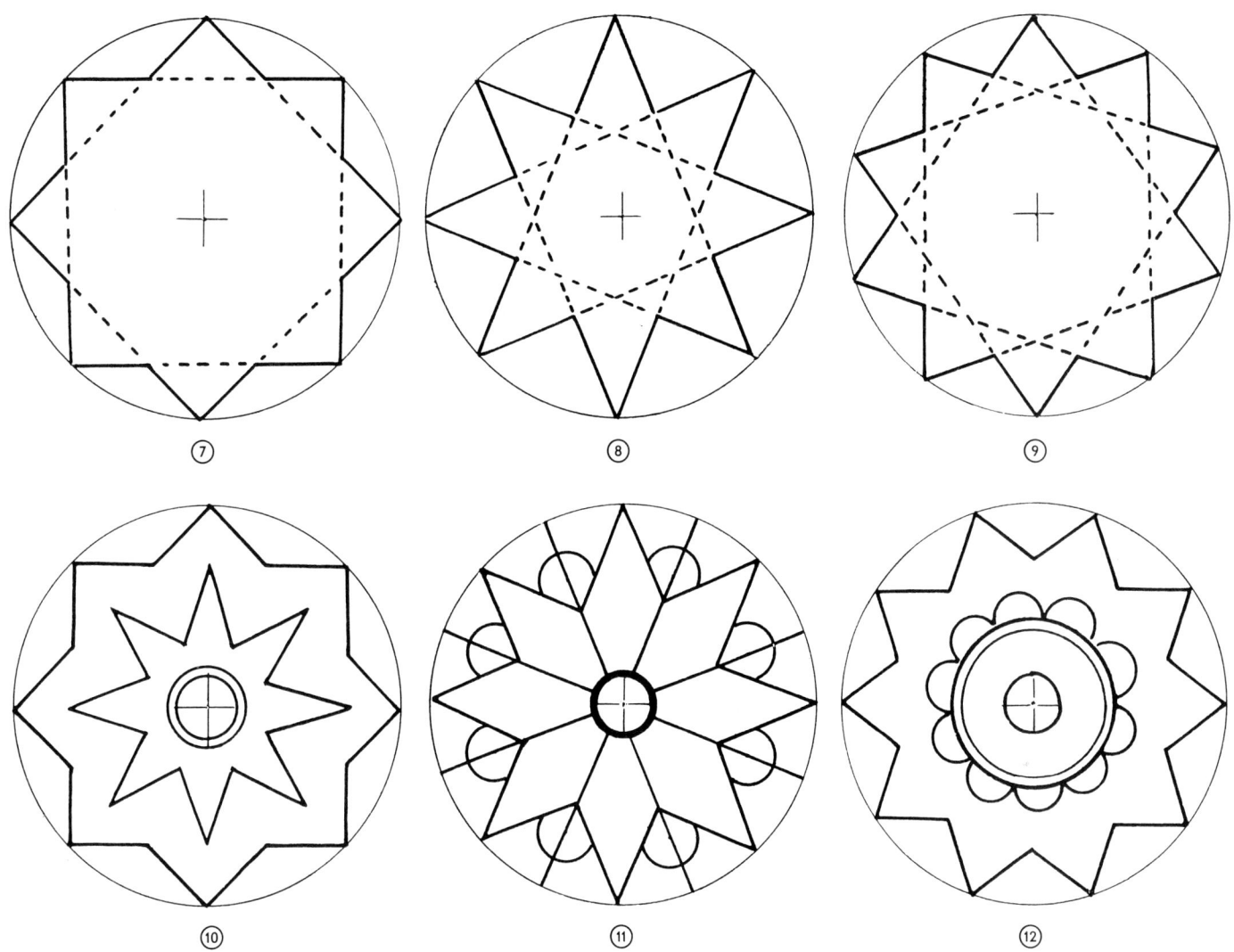

STERNE, KONSTRUIERT UND GESCHMUCKT

Oben: 8zackiger stumpfer und 8zackiger spitzer Stern sowie die Entwicklung eines 10zackigen Sternes.

Unten: Hier ist jeweils die Ausschmückung des gleichen Sternes erfolgt.

19

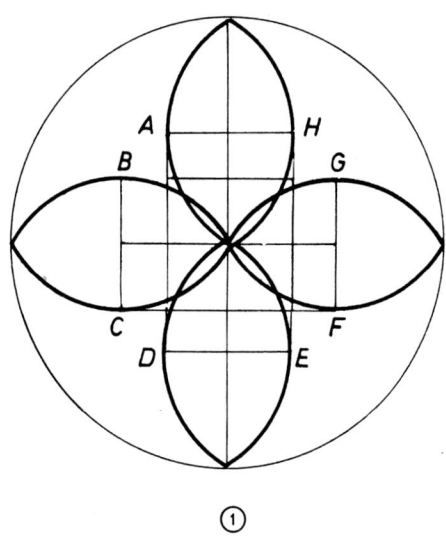

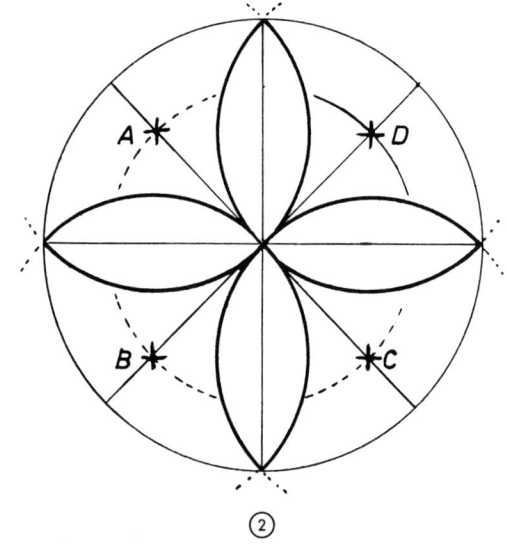

BLUTENBLÄTTER (ellipsenförmig) im Kreis symmetrisch angeordnet

1. 4 ellipsenförmige Blätter, die sich im Mittelpunkt über-schneiden

Bogenschlag von Kreislinie zum Mittelpunkt des Kreises vom Punkt A, B, C, D, E, F, G und H aus.

2. 4 ellipsenförmige Blätter mit gleichem Mittelpunkt Kreislinie wird in 8 gleichgroße Teile eingeteilt. Schnittpunkt A, B, C und D Bogenschlag von Kreislinie zu Kreislinie über Mit-telpunkt des Kreises.

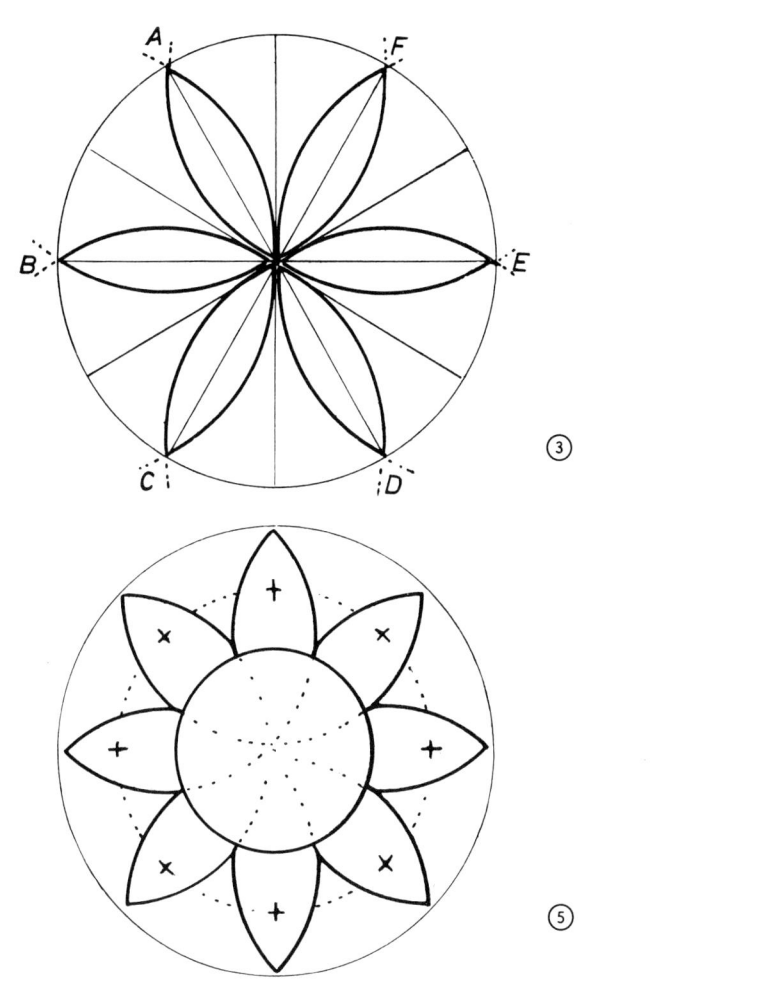

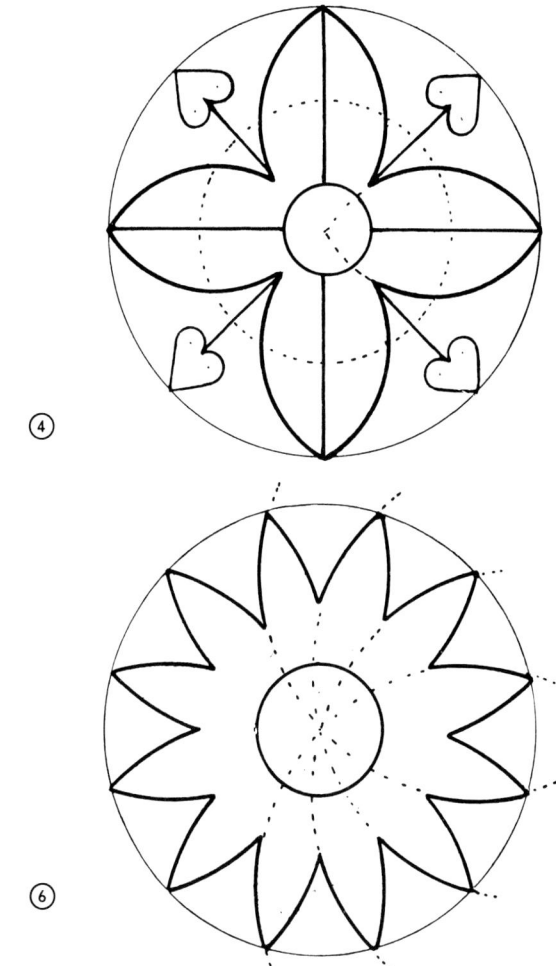

3. 6 schmale, ellipsenförmige Blätter zur Blüte gestaltet Kreislinie in 12 gleich große Teile. Punkt A = Bogenschlag B–F, Punkt B = Bogenschlag A–C. So fortlaufend wird die Blütenform gegeben.

4. Ausschmückung der 4blättrigen Blüte – Aufbau wie Nr. 1

5. 8blättrige Blüte, in der Gestaltung liegt Nr. 2 zugrunde.

6. 12blättrige Blüte, Konstruktion ergibt sich aus Nr. 3.

21

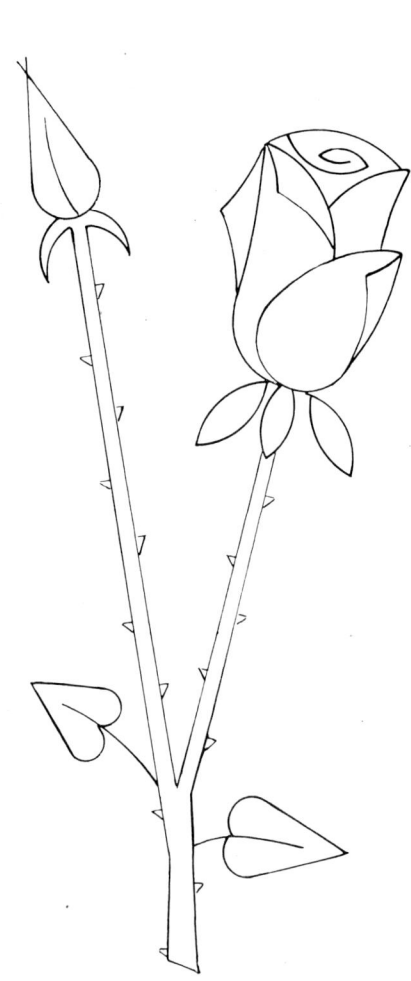

STILISIERTE FORM

22

NATURALISTISCHE FORM

DIE NATURFORM – DIE STILISIERTE FORM

Viele Motive aus der Natur oder der Tierwelt finden bei der Gestaltung von Ornamenten Verwendung. Wir denken zum Beispiel an die Nachbildung von Tulpen, Rosen und Blüten jeglicher Art – oder aber an Tiere, Pferd, Löwe, Fisch usw. Die natürliche Nachbildung sollte man durch einfache Formgebung ersetzen. Das Ergebnis im Gegensatz zur naturalistischen, die stilisierte Form. Bei der Stilisierung vereinfache ich die Grundform und gestalte das Motiv nach den Regeln der Symmetrie (Gleichmaß). Feste Regeln über das Stilisieren bestehen nicht, hier sollte man sich von der einfachen Linienführung und Formschönheit leiten lassen.

23

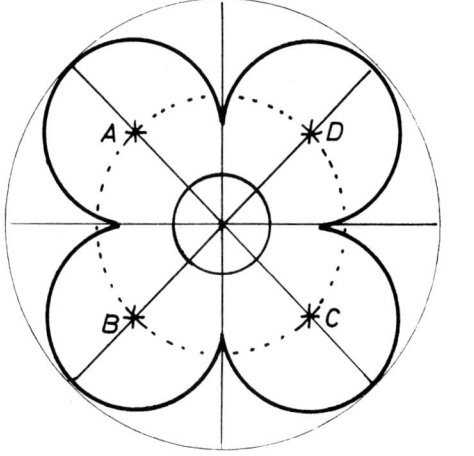

(1)

BLUTENBLÄTTER
(halbkreisförmig) im Kreis symmetrisch angeordnet

1. 4 halbkreisförmige Blätter

   Kreislinie in 8 gleich große Teile. Die Punkte mit Linien durch den Mittelpunkt des Kreises miteinander verbinden. Zweite, kleine Kreislinie gibt Schnittpunkt A, B, C, D für den Bogenschlag.

2. 8 halbkreisförmige Blätter

   Kreislinie in 8 gleich große Teile. Die Punkte mit Linien durch den Mittelpunkt des Kreises miteinander verbinden. Schnittpunkt für den Halbkreis wird durch kleinere Kreislinie gefunden.

3. 12 keilförmige Blütenblätter

   Kreislinie in 12 gleich große Teile. Die Punkte mit Linien durch den Mittelpunkt miteinander verbinden. Durch eine gerade Linie wird ein Blatt mit dem anderen verbunden.

4. Ausschmückung der 4blättrigen, halbkreisförmigen Blüte

   Grundform und Gestaltung gleich Nr. 1.

5. Staubgefäße schmücken die 8blättrige Blütenform

   Aufbau gleich Nr. 2.

6. 12blättrige Blüte einmal anders geschmückt

   Konstruktion wie Nr. 3.

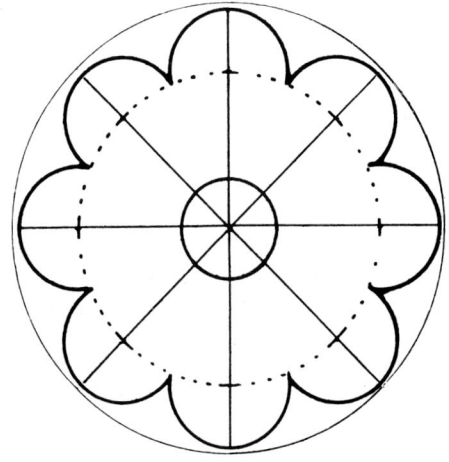

(2)

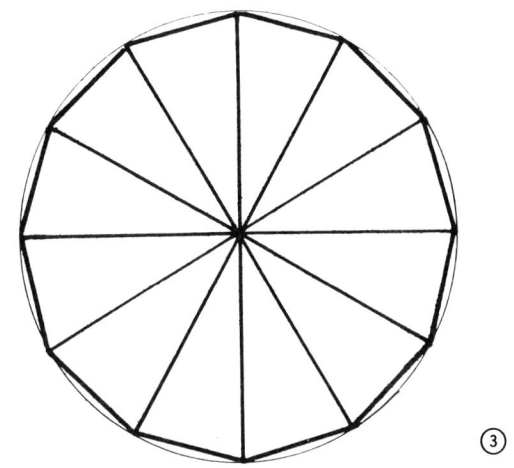

③

④

⑤

⑥

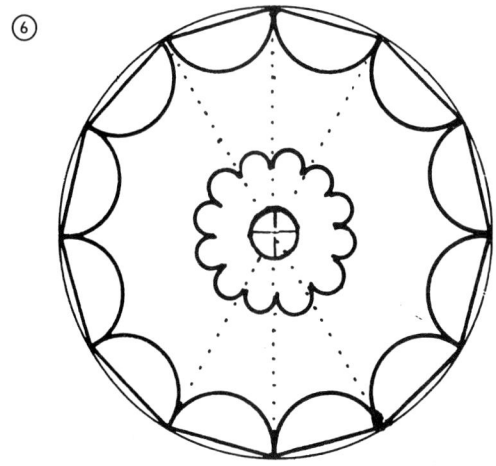

25

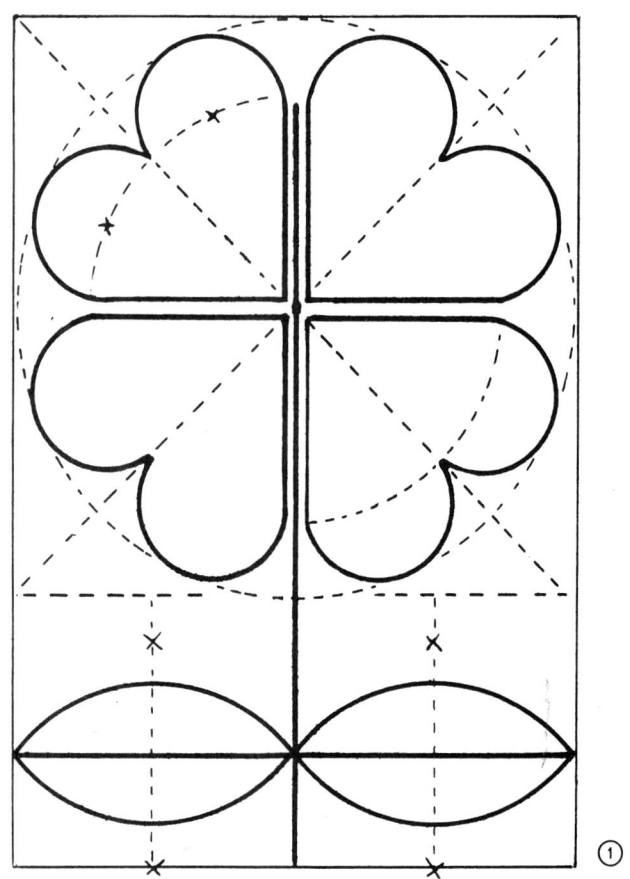

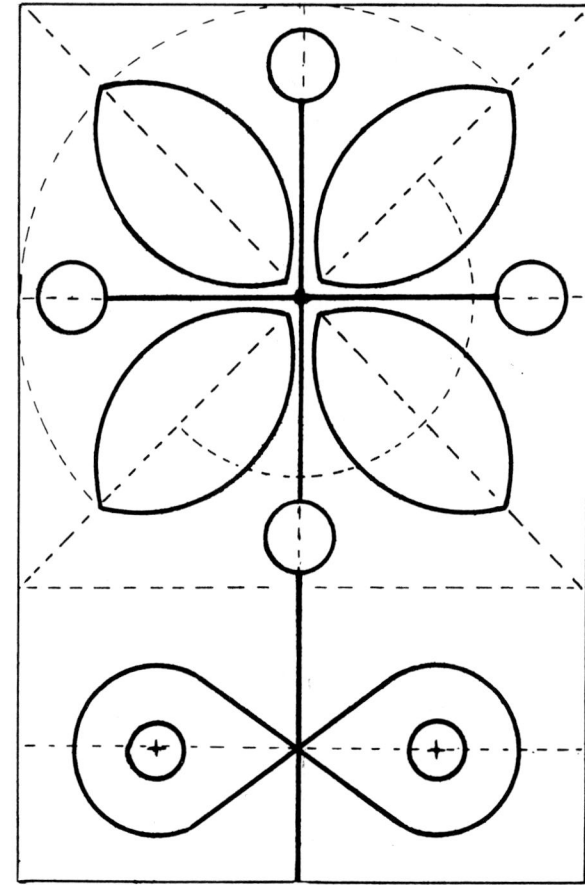

BLUTEN UND BLÄTTER im Rechteck gestaltet

1. Blüte mit herzförmigen Blättern
   Blüte wird im Kreis gezeichnet. Einfache Teilung des Quadrates in waagerechte und senkrechte Mittellinie sowie Anlage der Diagonalhilfslinien erleichtern das Zeichnen. Jedes der 4 kleinen Herzen bewegt sich im Quadrat. Ellipsenförmige Blätter, oberer Punkt für unteren Kreisbogen von äußerer Begrenzungslinie zur Mittellinie, der andere Bogenschlag gerade umgekehrt.

2. Ellipsenförmige Blütenblätter mit tropfenartigen Blättern
   Blüte und Staubgefäße werden im Kreis gezeichnet. Anlage der Hilfslinien wie bei Nr. 1. Die Blätter werden durch Kreisbogen und gerade Linien hergestellt.

26

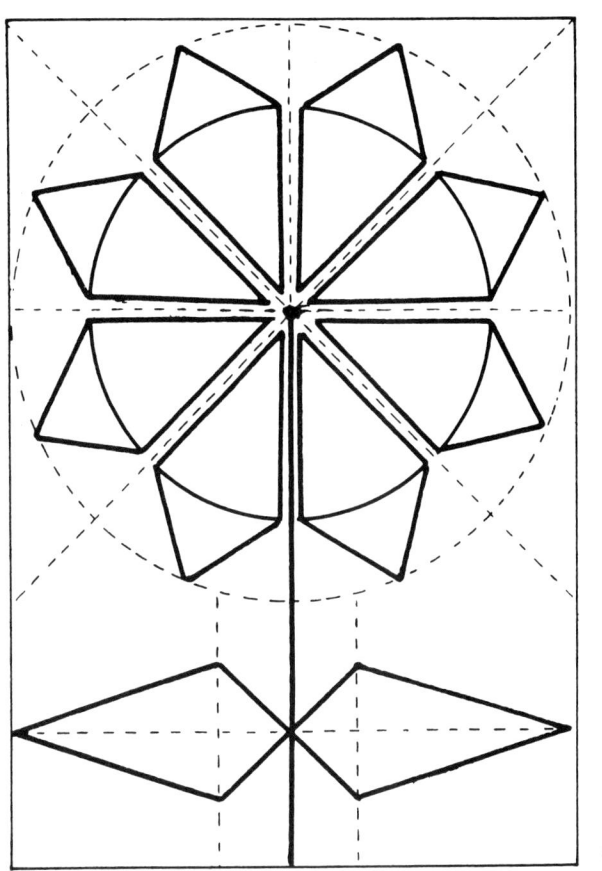

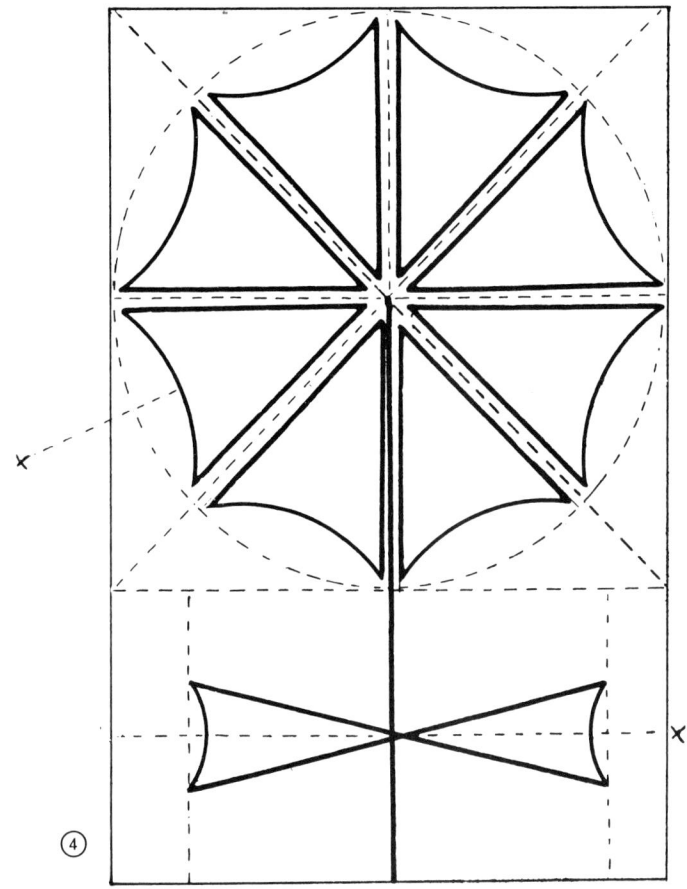

3. Lanzenspitzenförmige Blütenblätter mit gleichförmigen Blättern.

Der Kreis bildet den Raum für die Blütengestaltung. Anlage der Hilfslinien = Nr. 1. Die Blätter werden durch waagerechte und senkrechte Hilfslinien leicht gezeichnet.

4. Spitzenförmige Blütenblätter mit gleichförmigen Blättern
Durch Anlage der Hilfslinien, siehe Nr. 1, wird die Blüte im Kreis gezeichnet. Außerhalb der Begrenzungslinie befindet sich der Punkt zum Bogenschlag des Blütenblattes. Durch waagerechte und senkrechte Hilfslinien werden die Blätter gezeichnet.

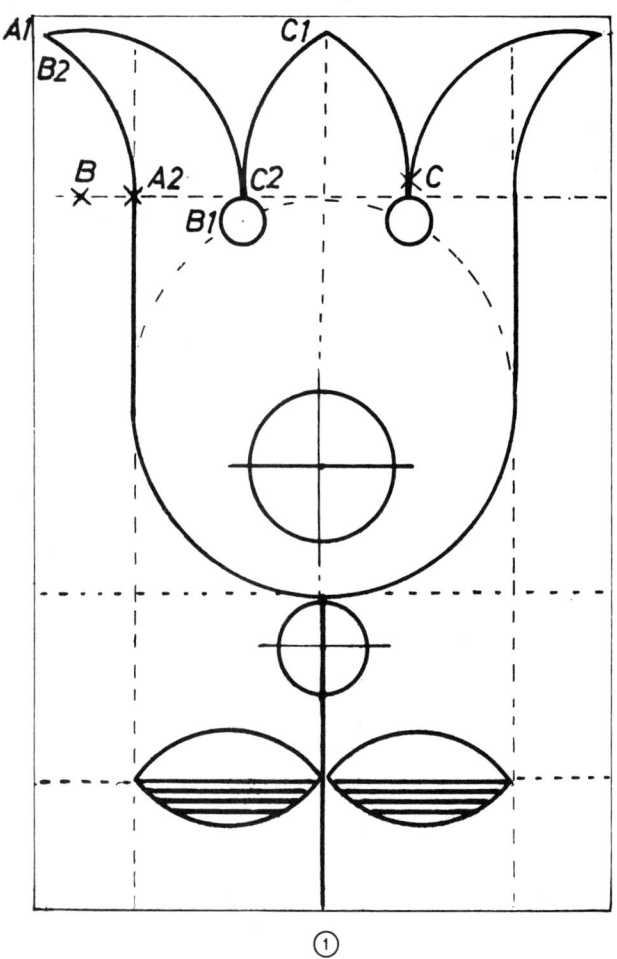

①

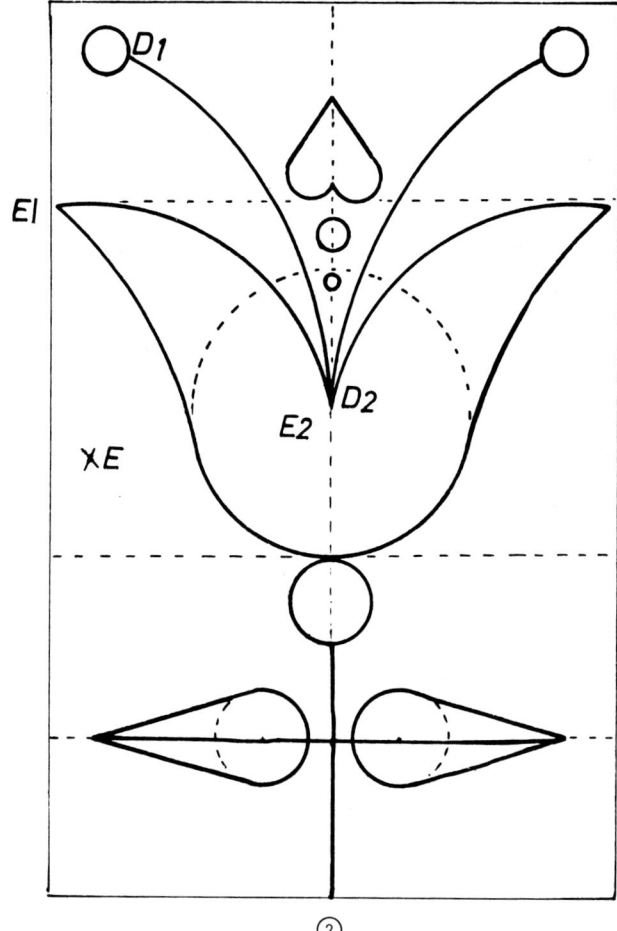

②

STILISIERTE BLÜTEN UND BLÄTTER im Rechteck gestaltet

Diese Blüten lassen sich in vielen Variationen verändern, harmonische Formgebung und Symmetrie sollte beim Zeichnen von Blüten bestimmend sein.

1. Tulpenartige Blüte mit ellipsenförmigen Blättern
   Von der Mittellinie aus wird durch Anlage von waagerechten und senkrechten Hilfslinien die Blume entwickelt. Zirkelpunkt A, Bogenschlag A 1–A 2 usw. Blütenkelch als kleinen Kreis dargestellt.

2. Tulpenartige Blüte mit lanzettförmigen Blättern
   Die symmetrische Entwicklung von der Mittellinie aus mit Hilfe der waagerechten und senkrechten Linie erleichtern das Zeichnen ungemein.

28

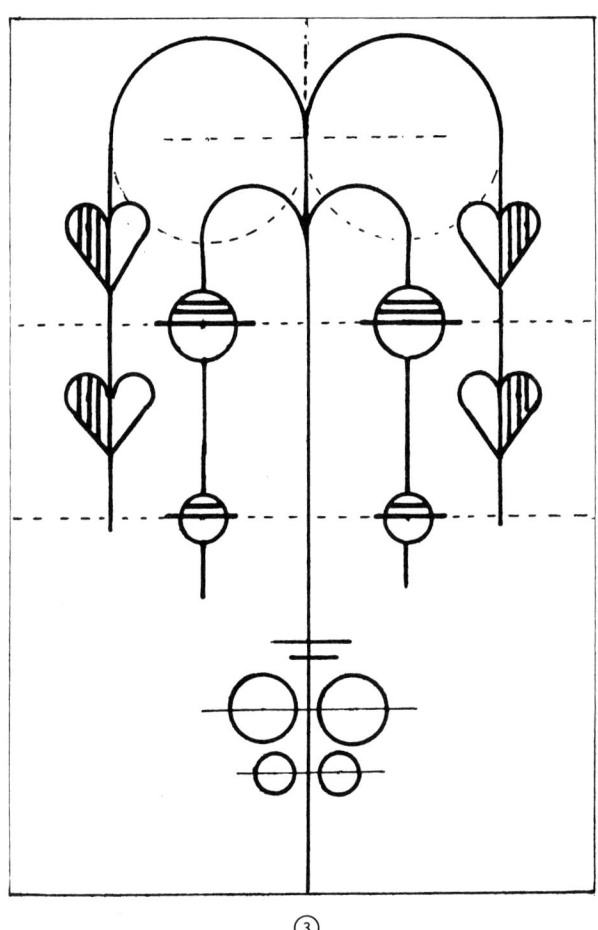

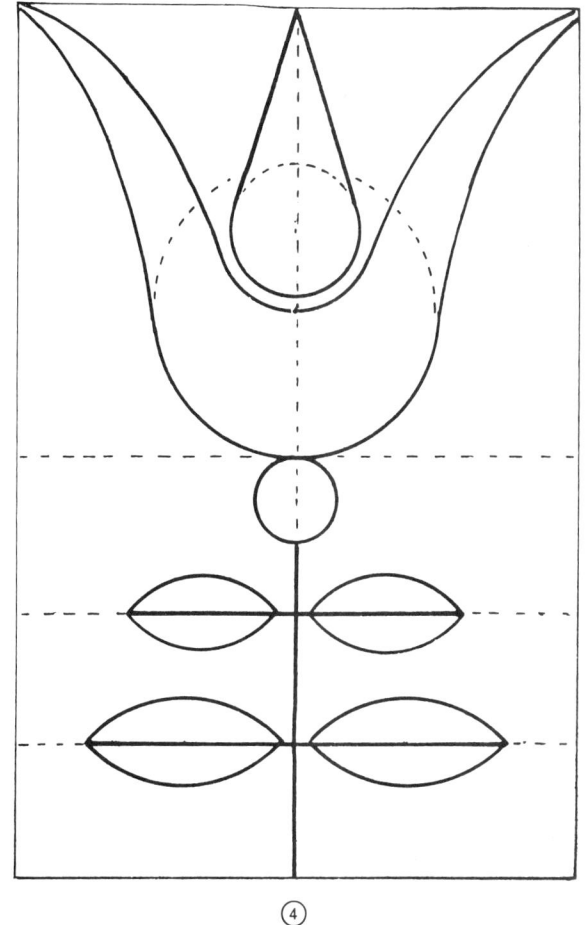

3. Blume mit hängenden Herzblüten
   Bei der Gestaltung von Blüten allgemein sollte das wesentliche Merkmal besonders zur Geltung kommen. Klare Linienführung erhöht die Wirkung.

4. Tulpenartige Blüte mit ellipsenförmigen Blättern
   Besonders weit ausstehende Blütenblätter, welche in diesem besonderen Fall mit dem Kurvenlineal gezeichnet wird. Mittellinie sowie waagerechte und senkrechte Linien sind unerläßlich.

ORNAMENTE

Zur Entwicklung dieser Ornamente bedienen wir uns des Quadrates, Kreises und der Diagonalen.

Zeichne nach eigener Vorstellung Ornamente.

Diese Ornamente können zum Schmücken von Torten, Dessertstücken, Werbestücken usw. Verwendung finden. Sie können aus Kuvertüre, Fondant, Marmelade oder auch aus Marzipan hergestellt werden.

EINFACHER SCHMUCK

Linien von Spritzglasur, Fondant, Gelee, Schokolade vermögen
ein Petit four wirkungsvoll zu schmücken. Ein mit zart getöntem
Fondant exakt überzogenes Petit four erlaubt nur einen einfachen Schmuck.

ORNAMENTE

Im Rechteck gestaltet. Dieser Schmuck kann entweder direkt auf Petit four garniert werden oder aber auf eine Folie gespritzt und später aufgelegt werden.

ORNAMENT

Die Konstruktion erfolgt im Kreis. Diese Schmuckformen, in dem verschiedensten Material hergestellt, eignen sich zum Garnieren für viele Gebäckarten.

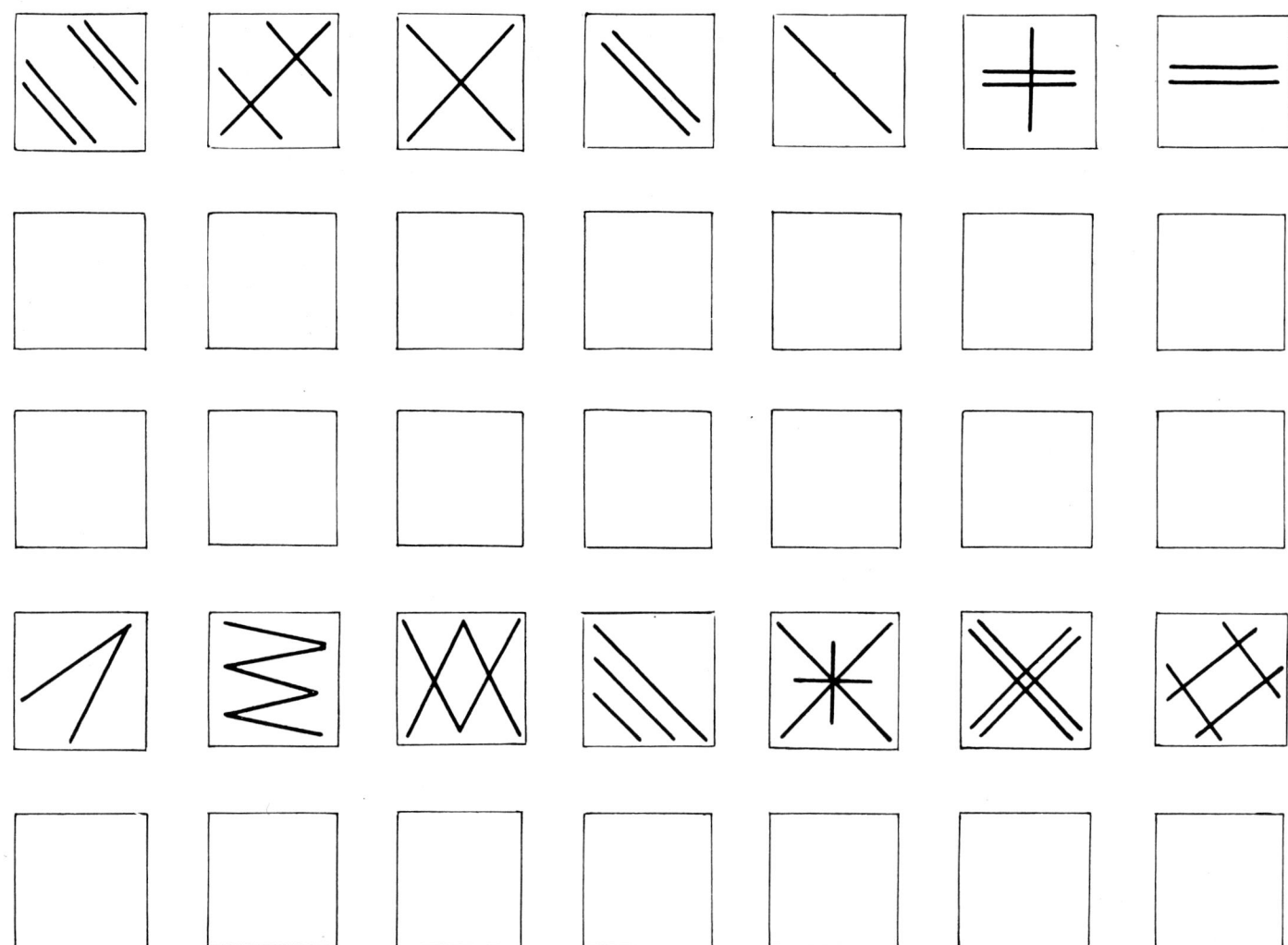

EINFACHE OBERFLÄCHENGESTALTUNG
Das Ausgarnieren von Petit four mit Spritzschokolade, Fondant oder Marmelade eignet sich besonders gut. Die Wirkung aber ist von der akkuraten Ausführung abhängig. Ein zusätzliches Schmücken durch eine Nuß, Mandel oder ¼ Pistazienkern, kann den Ausdruck der Oberflächengestaltung erhöhen.

DEKOR VON RECHTECKIGEN DESSERTSTÜCKEN

Das Garniermaterial für die Linien könnte aus Spritzschokolade, Fondant oder Marmelade sein. Durch Auflegen von Dickzuckerfrüchten (Ananas, Kirschen, Orangeat) usw. in ausgestochenem oder ausgeschnittenem Zustand wird durch Eigenfarbe der Früchte eine besondere Wirkung erzielt. Eingefärbter Marzipan (Schokolade, Mokka) in Blüten- oder Sternform ausgestochen, gestattet ein flottes Ausgarnieren der Dessertstücke.

AUSGARNIEREN VON DESSERT

Die Grundform sollte beim Schmücken der Dessertteile Beachtung finden. Beim quadratischen Stück bieten sich förmlich diagonale sowie waagerechte und senkrechte Linien zum Dekor an. Schleifen, Halbbögen und Spiralen fügen sich bei symmetrischer Anordnung in die quadratische Oberflächengestaltung ein.

SCHMÜCKEN VON RUNDEN DESSERTSTÜCKEN

Die Raumaufteilung bei der Oberflächengestaltung sollte in der Form geschehen, daß sich der Dekor harmonisch zur Grundform verhält. In jedem Fall ist der Schmuck so zu halten, daß die Oberfläche selbst im Ausdruck des Materials (Fondant, Marzipan) zur Wirkung kommt.

TORTENSCHMUCK

Das Material, aus dem dieser Tortenschmuck gefertigt werden kann, reicht über ausgestochenen Marzipan, gebackenen Mürbteig " oder Brandmasse, Hippenmasse bis zu Schokoladenornamenten.

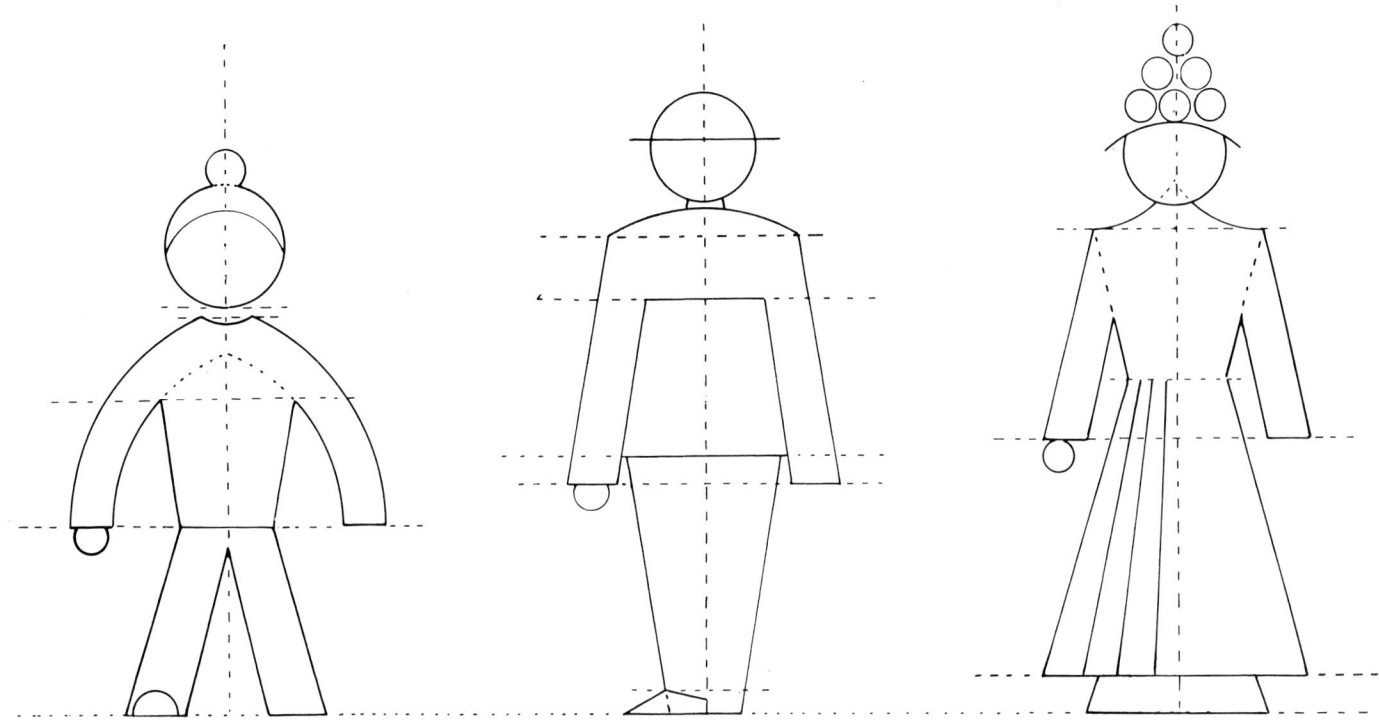

FIGÜRLICHES ZEICHNEN

Hier möchte ich noch einmal auf Naturform und stilisierte Form zurückkommen. Vereinfachung der Grundform ist wohl ein wesentliches Moment, dazu kommt die Symmetrie. Die Figur wird dann von der Mittellinie aus nach beiden Seiten mit Hilfe von Hilfslinien gleichmäßig aufgebaut. Zuerst werden die Proportionen bestimmt, die Abmessungen also zwischen Körper, Kopf, Beinen usw., durch einfache Linienführung wird die Grundform gegeben. Wenn hier Sicherheit gewonnen ist, sollte harmonische Formgebung in den Vordergrund treten. Das Schmücken einer Figur bildet dann den Schluß. Die Erfahrung hat gezeigt, daß auch jene Schüler, die zeichnerisch weniger talentiert sind, am konstruktiven, figürlichen Zeichnen nach kurzer Zeit viel Freude und Erfolg haben.

Diese kleinen Figuren sind im Raume eines Rechteckes gezeichnet.
Konstruiere in die freien Flächen andere Figuren — lege zuerst
Hilfslinien an (waagerechte und senkrechte Linien)!

In einem Rechteck, hochgestellt, sind verschiedene Blätter gezeichnet.
Achte besonders auf einfache Formgebung, stilisiere selbst einige
andere Blätter. Diese Blätter können zum Ausschmücken von
Torten, Werbestücken usw. Verwendung finden.

Für besondere Anlässe, zum Beispiel Kindergeburtstag, Regatta,
Weinfest usw., finden solche Motive gern Verwendung.
Ergänze diese durch eigene Ideen, zeichne sauber und akkurat!

42

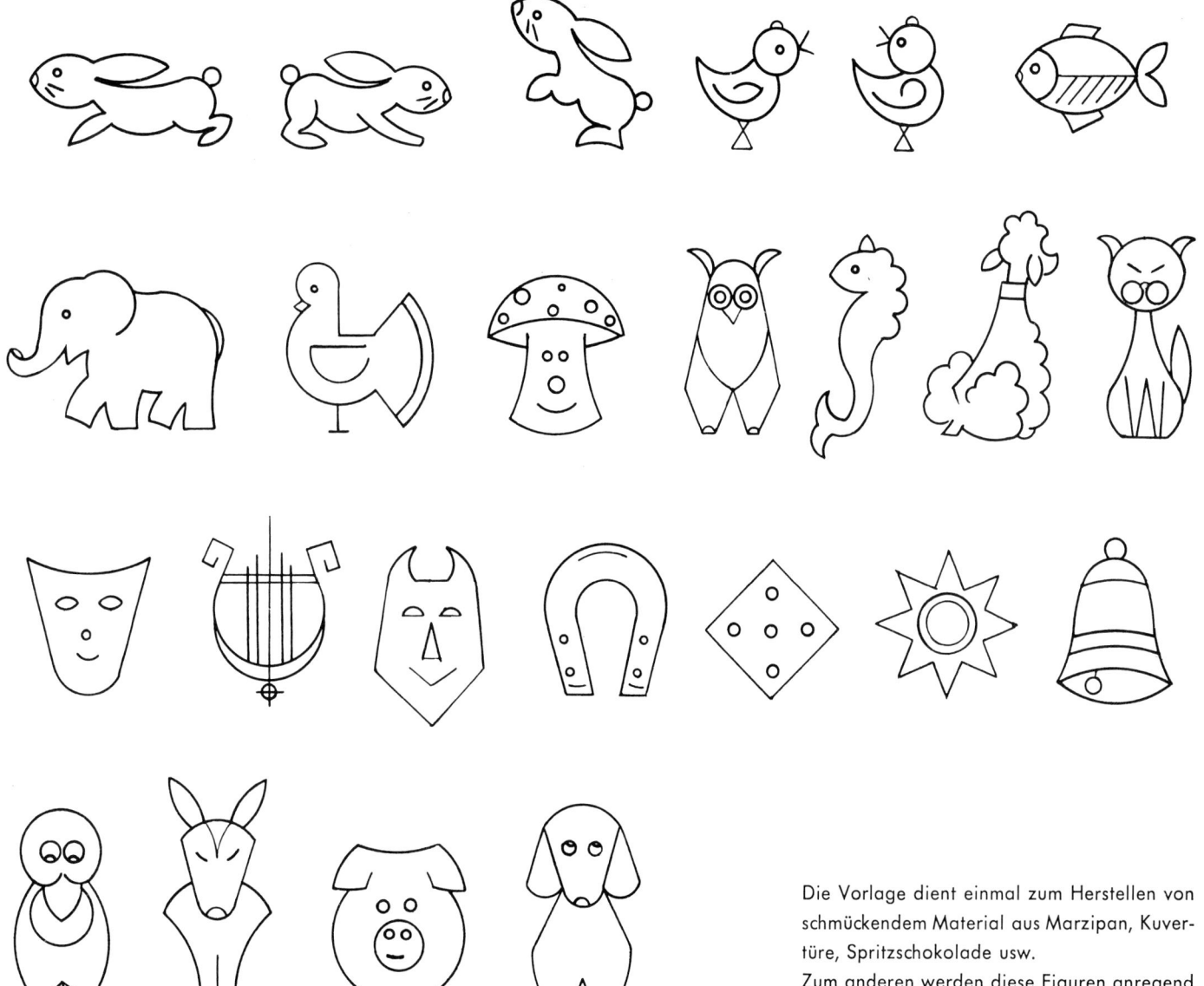

Die Vorlage dient einmal zum Herstellen von
schmückendem Material aus Marzipan, Kuvertüre, Spritzschokolade usw.
Zum anderen werden diese Figuren anregend
zur eigenen Gestaltung beitragen.

43

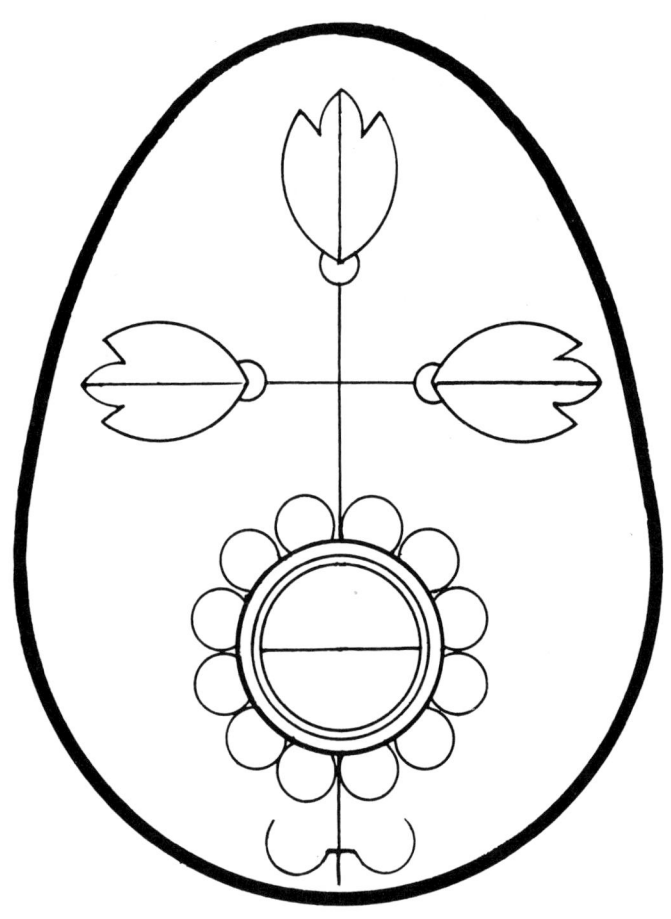

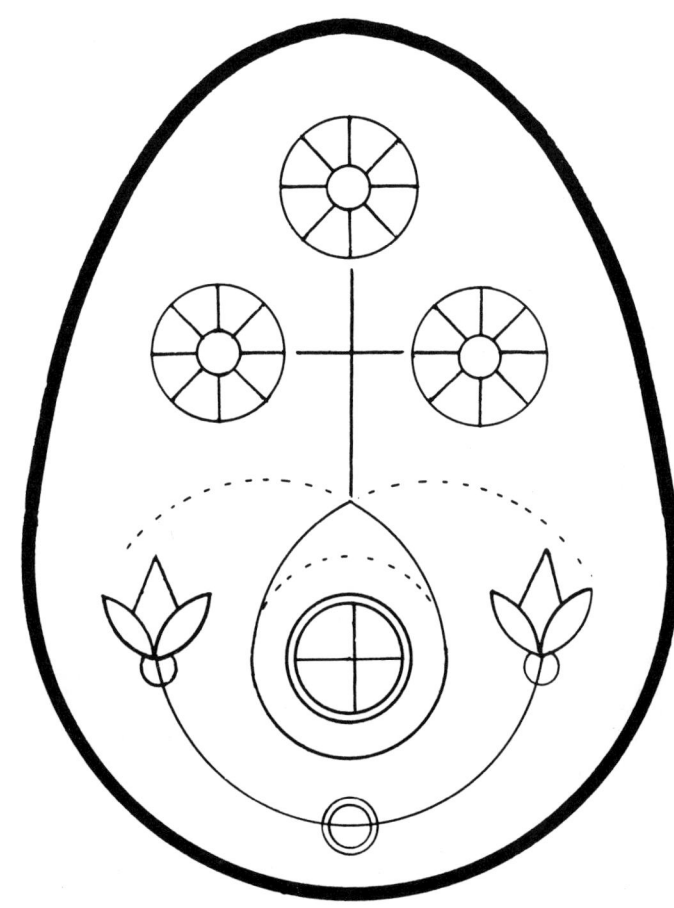

MOTIVE FÜR OSTERN

Blumen und Figuren, einzeln oder gruppiert, nehmen sich zum
Schmücken von Fasson-Torten bzw. Formtorten gut aus.
Vermeide jedes „Freihandzeichnen" – Zirkel, Lineal oder Kurven-
lineal sind Dein Werkzeug!

44

45

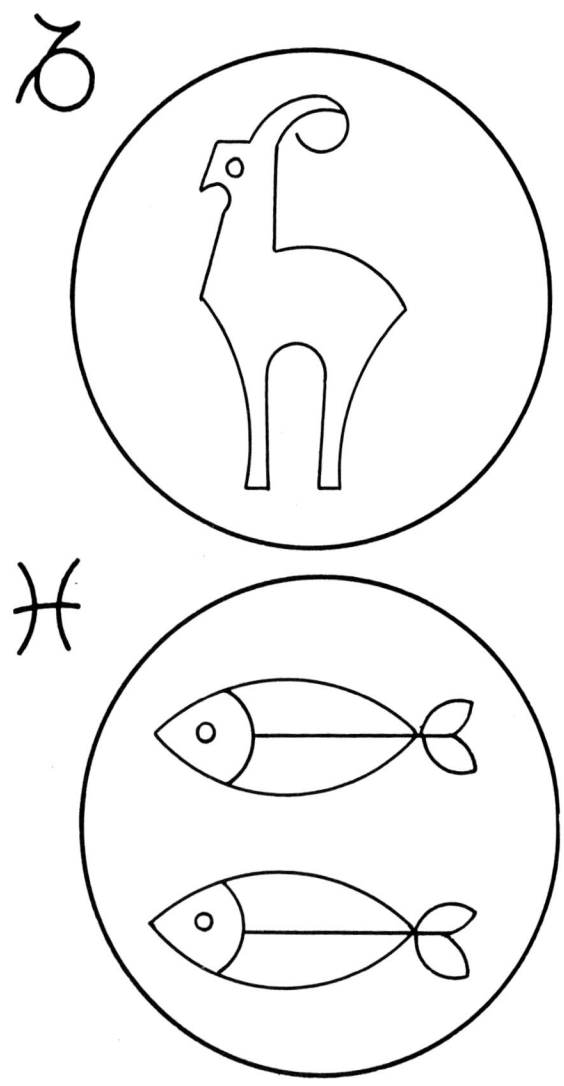

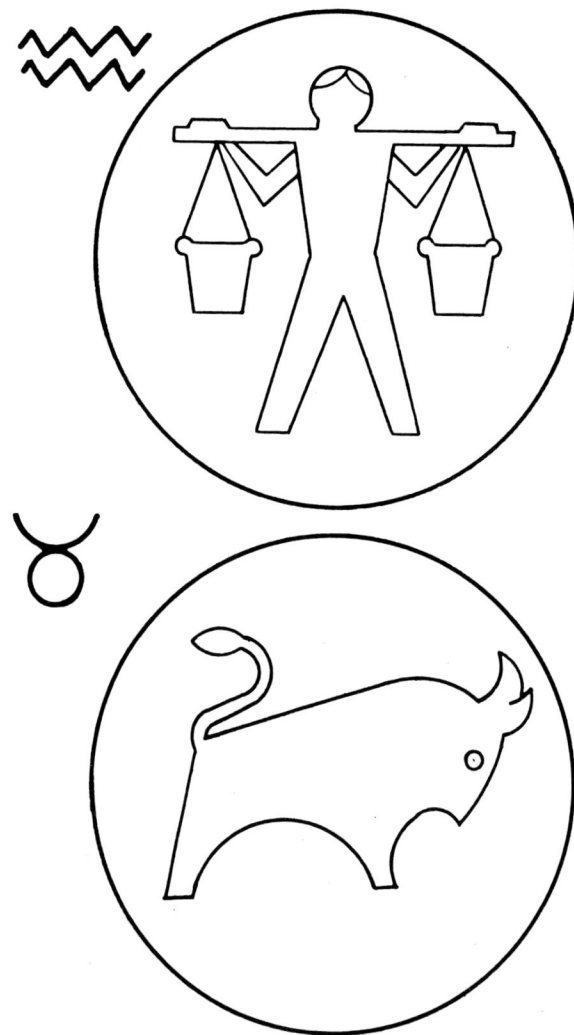

TIERKREISZEICHEN

Als besonderer Schmuck auf Marzipantorten oder Fassonstücken lassen sie sich leicht herstellen, indem auf die Vorlage eine Plastikfolie gelegt und mit leicht gestockter 60/40-Kuvertüre die Konturen der Figur gespritzt werden. Mit dünnflüssiger Milchkuvertüre wird der Innenraum ausgelassen und nach Erstarren der Kuvertüre lösen sich die Figuren leicht von der Folie.

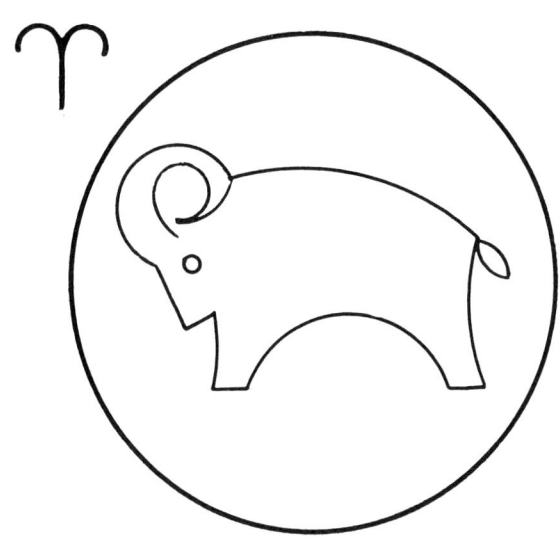

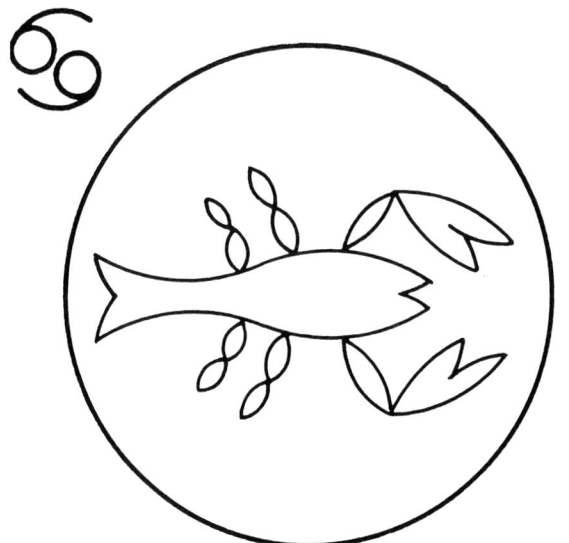

47

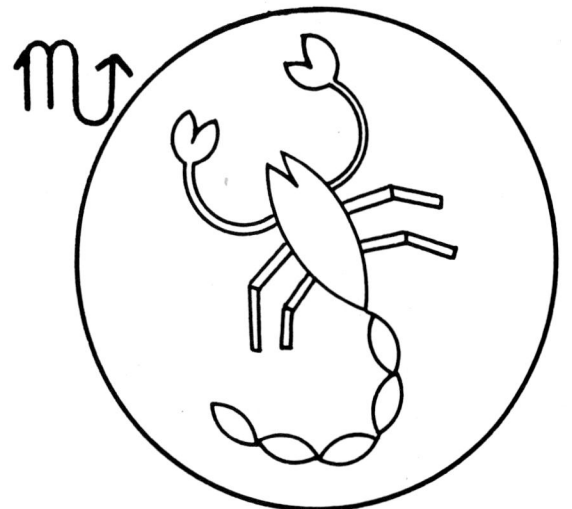

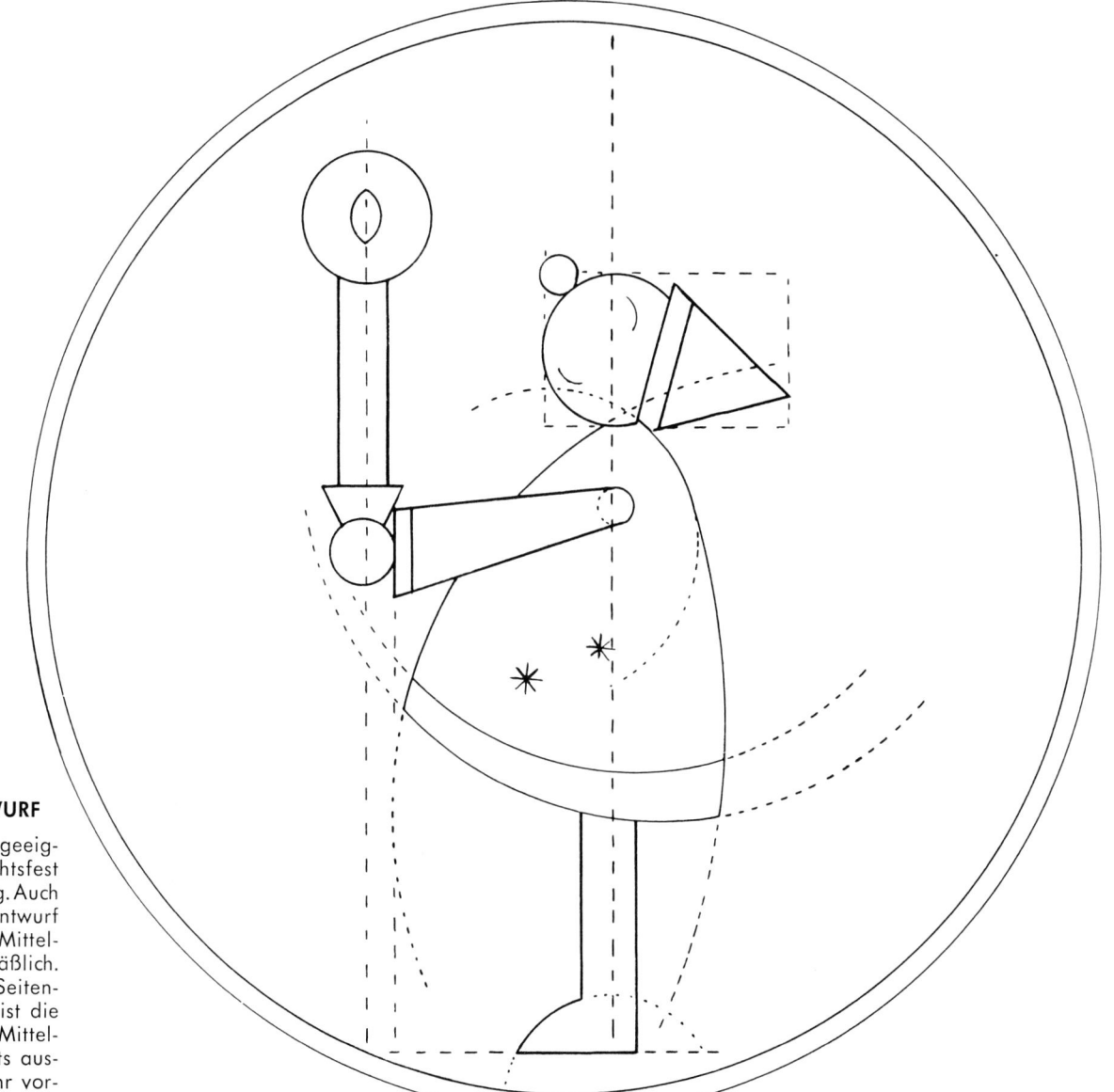

DER TORTENENTWURF

„Zwerg mit Licht", geeignet für das Weihnachtsfest oder zum Geburtstag. Auch hier sind für den Entwurf die Anlage von Mittel- und Hilfslinien unerläßlich. Beim Zeichnen der Seitenansicht einer Figur ist die Symmetrie – von der Mittellinie links und rechts ausgehend – nicht mehr vorhanden.

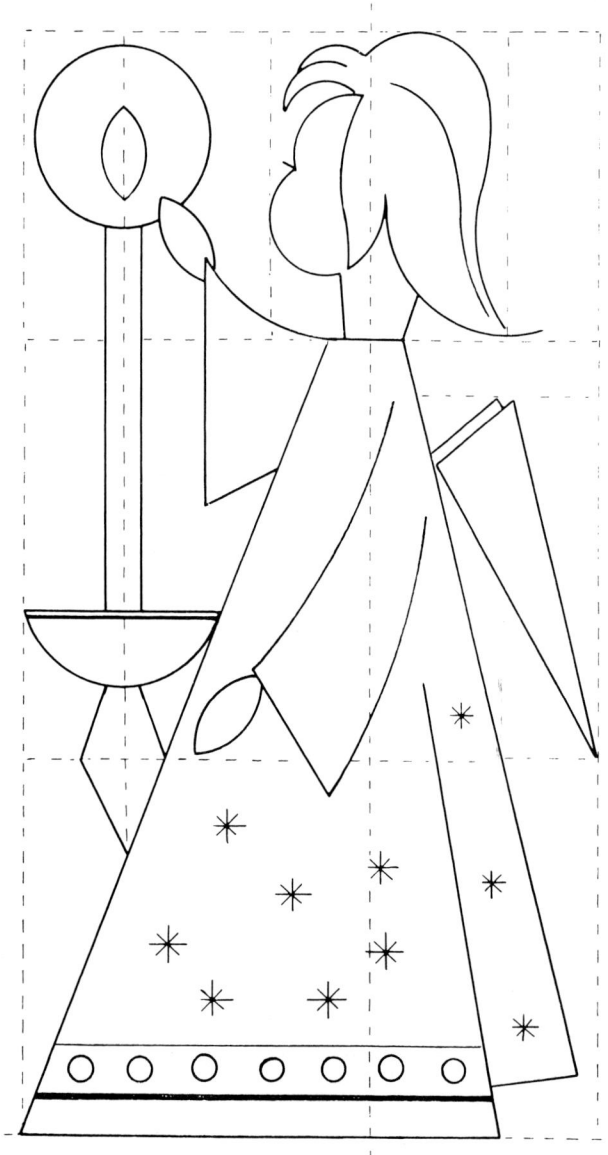

WERBESTÜCK „Engel mit Licht"

Hier ist das gleiche Prinzip wie beim Tortenentwurf anzuwenden. Achte auf harmonische Formgebung, Gesichtsausdruck muß sich dem Motiv anpassen. Die Haare könnten aus gebackener Hippen- und Brandmasse hergestellt sein. Sorgfältige und exakte Ausführung ist wichtig.

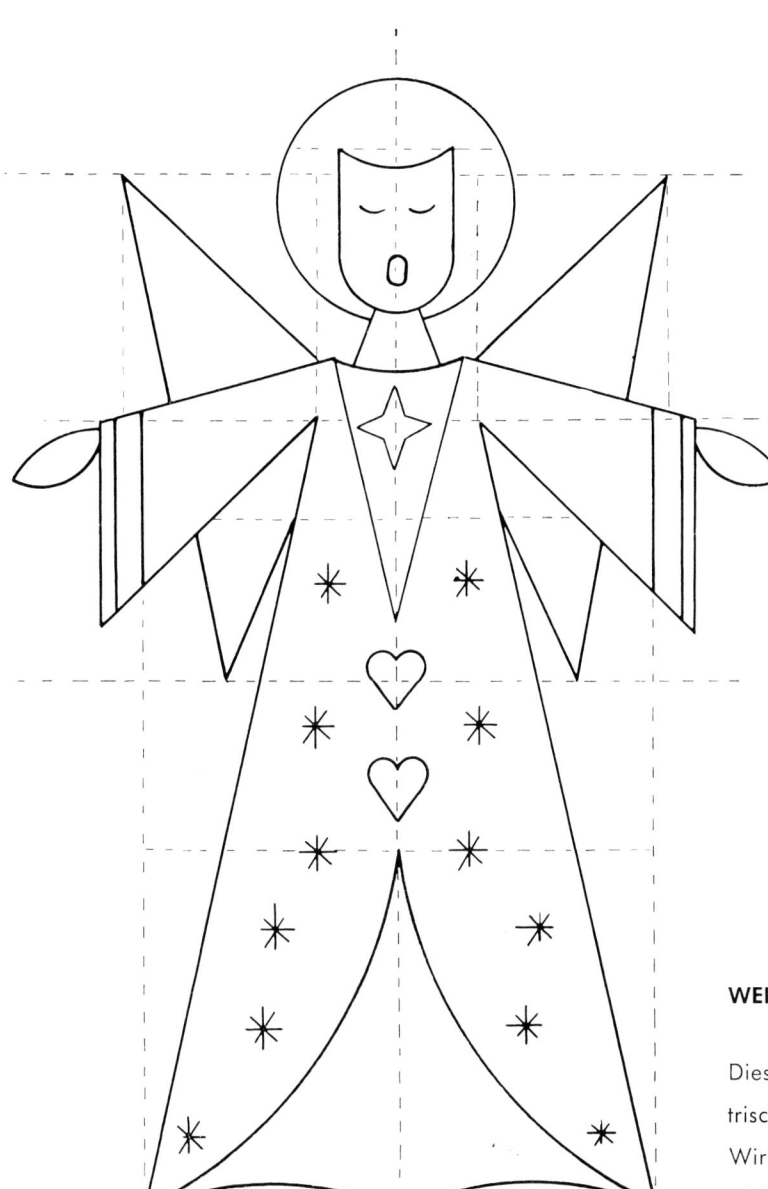

WEIHNACHTLICHES WERBESTÜCK

Diese Frontansicht unserer Figur verlangt wieder die symmetrische Gestaltung von der Mittellinie aus. Um eine plastische Wirkung der Figur zu erreichen, sollte der Karamel in unterschiedlicher Stärke gegossen werden.

ELEMENTAR-GARNIERÜBUNGEN

Waagerechte, senkrechte und schräge Linien sind die ersten
Garnierübungen. Daran schließen sich gebogene Linien an,
deren Krümmung bis zum Halbkreis erfolgen soll.

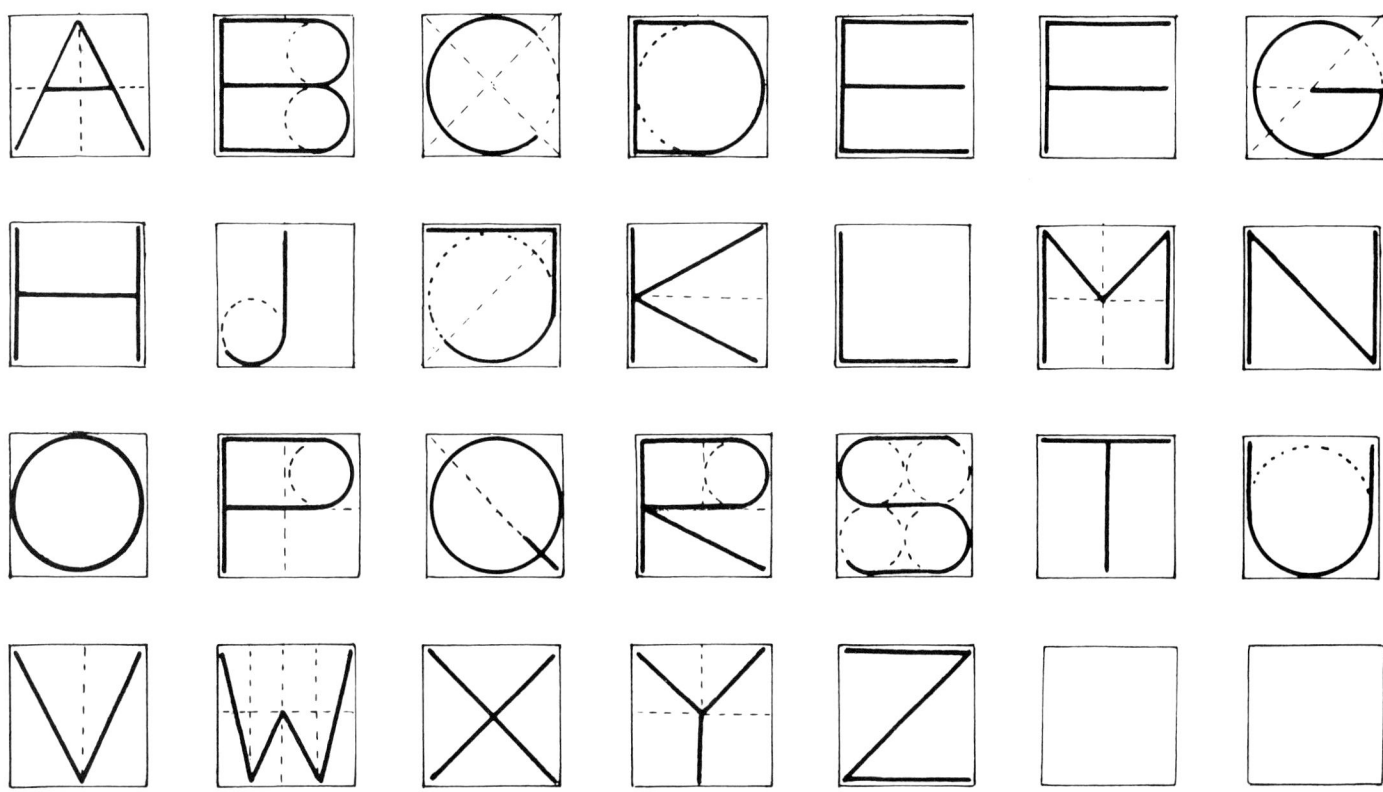

QUADRATISCHE BREITSCHRIFT I (20 × 20 mm)

Anzuempfehlen bei kurzem Text, oder aber wenn genügend Raum zur Beschriftung vorliegt. Der Buchstabe bewegt sich im quadratischen Raum. Er setzt sich aus waagerechten, senkrechten und Kreisbogenlinien zusammen.

Beim Zeichnen der Buchstaben müssen Hilfslinien eingezeichnet werden, auch Diagonallinien als Begrenzung.

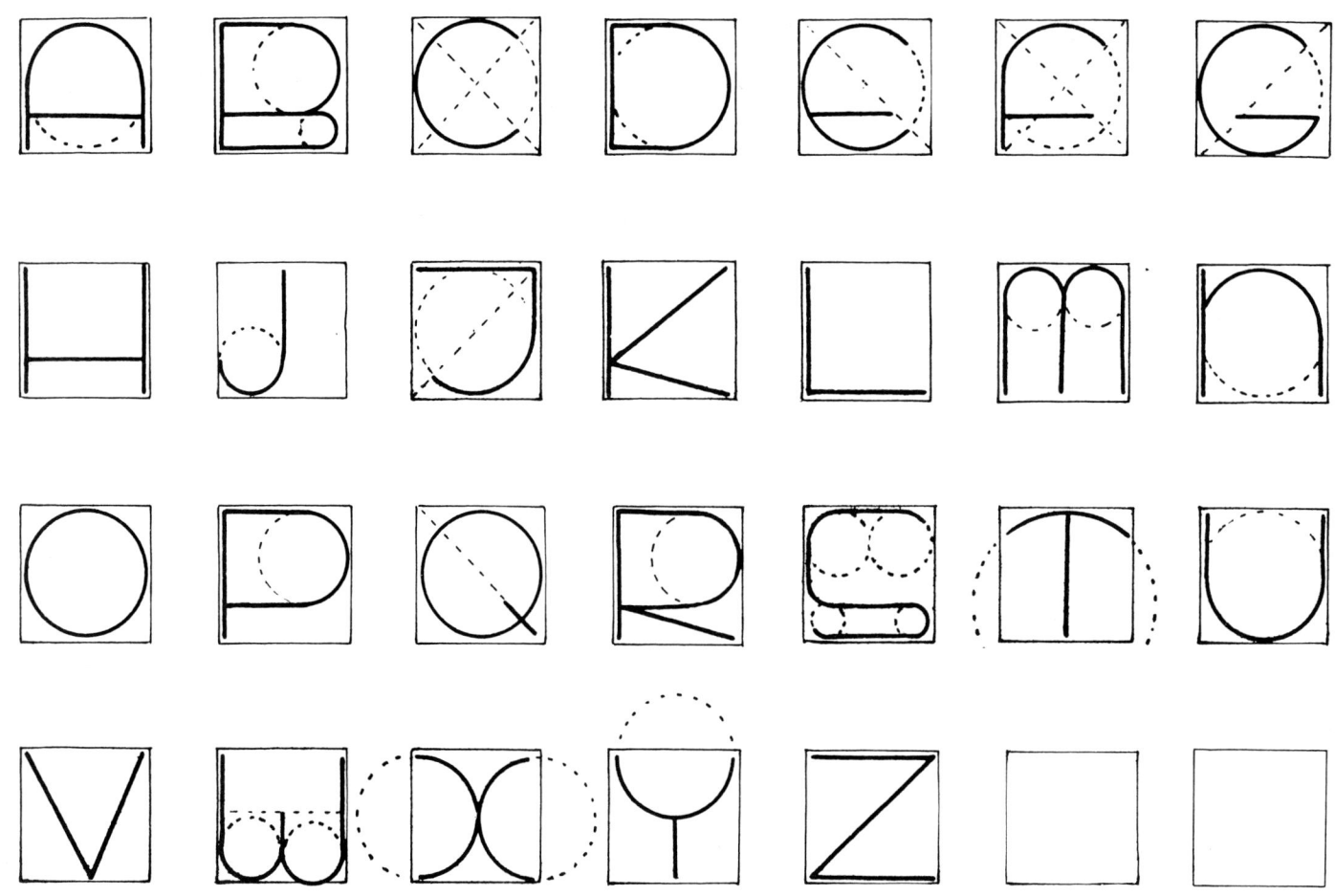

QUADRATISCHE BREITSCHRIFT II (20×20 mm)

Durch Verlegung der Mittelwaagerechten in das untere Viertel des Quadrates und Ersetzen von Linien durch Halbkreise erhalten wir eine moderne Gestaltung der Buchstaben.

54

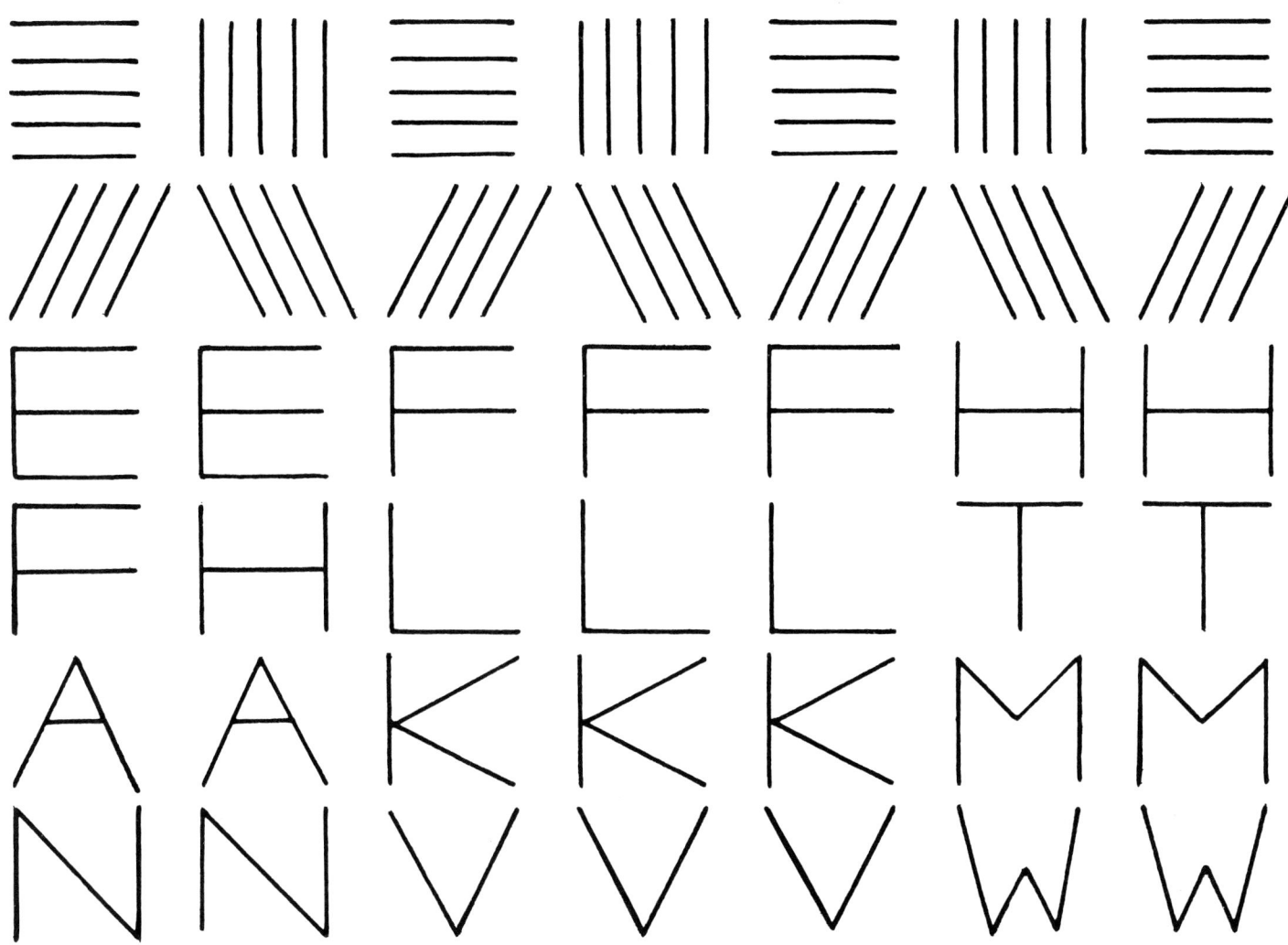

ÜBUNGSBLATT I

Zuerst werden die Buchstaben gezeichnet oder garniert, die sich aus waagerechten und senkrechten Linien zusammensetzen. Es folgen jene Buchstaben, bei denen schräge Linien mit zur Anwendung kommen.

55

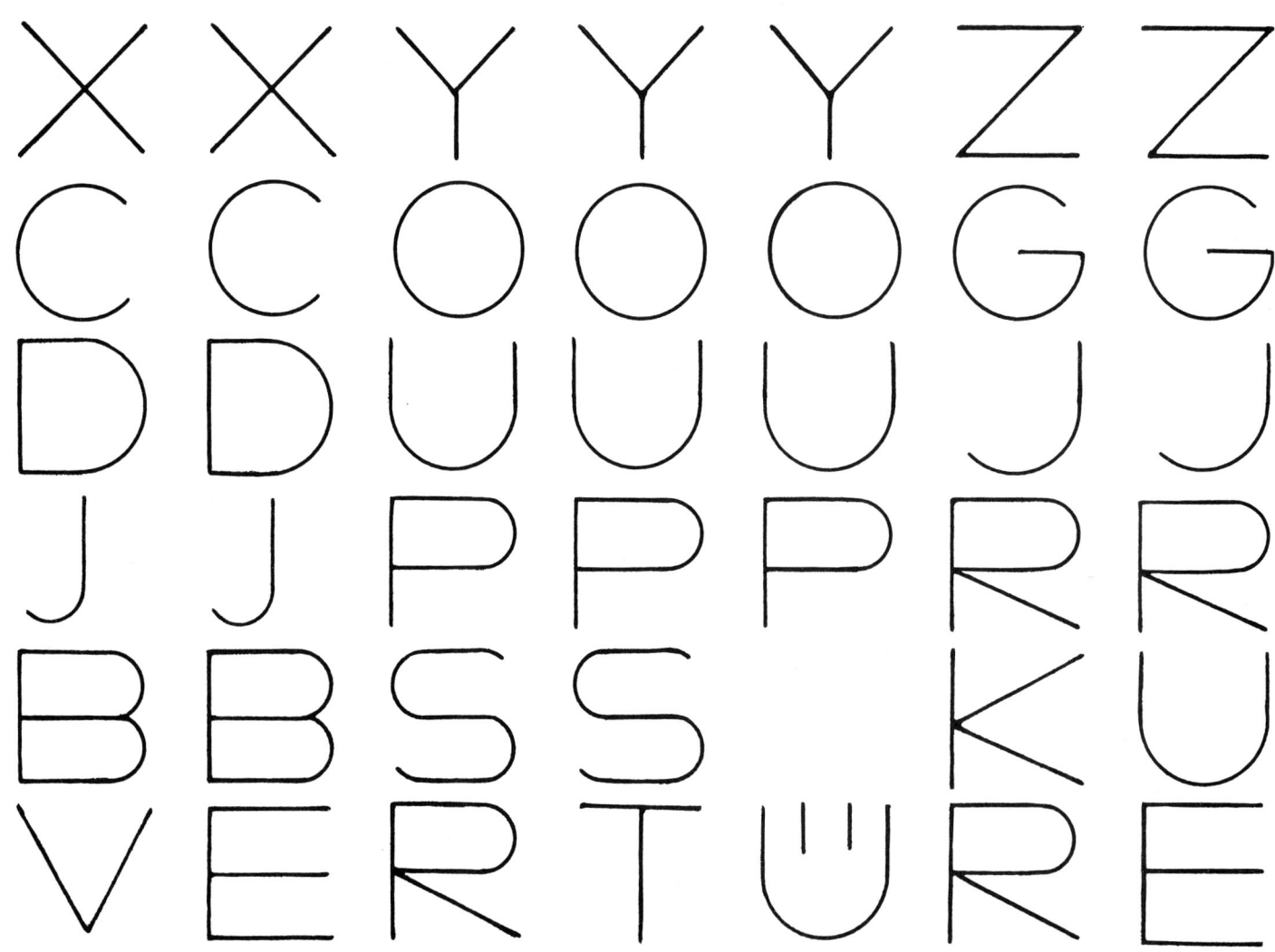

UBUNGSBLATT II

Die nächsten Buchstaben, die gezeichnet oder garniert werden, erweitern sich um Kreisbogenlinien. Ganz speziell beim Gar- nieren wird man feststellen, daß Kreisbogenlinien viel Mühe und Übung erfordern.

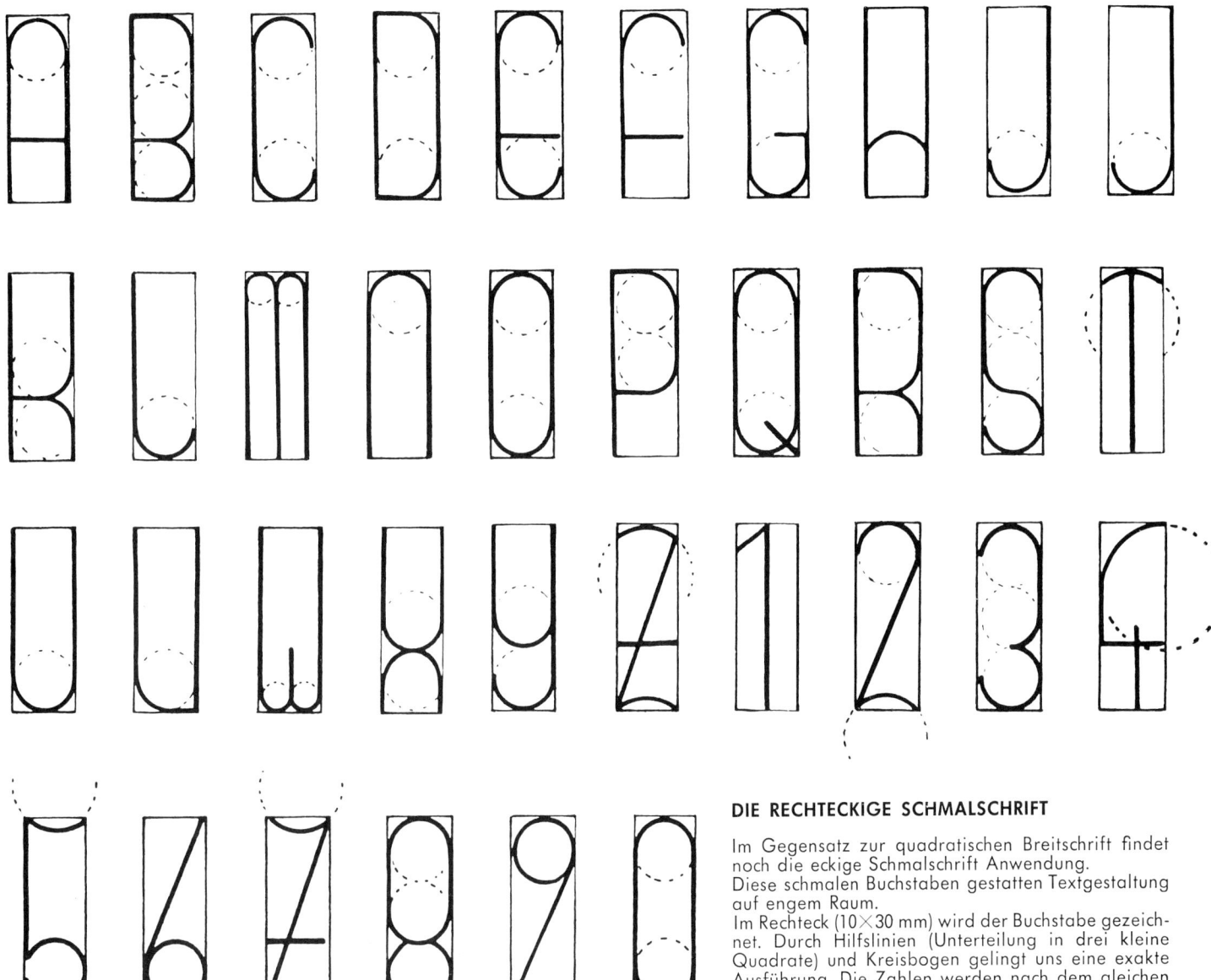

DIE RECHTECKIGE SCHMALSCHRIFT

Im Gegensatz zur quadratischen Breitschrift findet noch die eckige Schmalschrift Anwendung.
Diese schmalen Buchstaben gestatten Textgestaltung auf engem Raum.
Im Rechteck (10×30 mm) wird der Buchstabe gezeichnet. Durch Hilfslinien (Unterteilung in drei kleine Quadrate) und Kreisbogen gelingt uns eine exakte Ausführung. Die Zahlen werden nach dem gleichen Prinzip der Raumaufteilung gezeichnet.

$\mathcal{A}$ $\mathcal{A}$ $\mathcal{B}$ $\mathcal{C}$ $\mathcal{D}$ $\mathcal{E}$ $\mathcal{F}$ $\mathcal{G}$ $\mathcal{H}$

$\mathcal{J}$ $\mathcal{J}$ $\mathcal{K}$ $\mathcal{L}$ $\mathcal{M}$ $\mathcal{N}$ $\mathcal{O}$ $\mathcal{P}$ $\mathcal{Q}$

$\mathcal{R}$ $\mathcal{S}$ $\mathcal{T}$ $\mathcal{U}$ $\mathcal{V}$ $\mathcal{W}$ $\mathcal{X}$ $\mathcal{Y}$ $\mathcal{Z}$

DIE SCHREIBSCHRIFT

Diese Schrift ist uns von der Schule her geläufig. Sie hat einige Formveränderungen erfahren müssen, um ein zügiges Schreiben mit Spritzschokolade oder anderer Garniermasse zu gestatten. Unser Ziel sollte es sein, ein Wort ohne Abzusetzen fortlaufend zu schreiben. Durch Übungen prägt man sich die Schreibweise am besten ein. Zuerst die großen Buchstaben einzeln und dann die kleinen Buchstaben miteinander verbunden schreiben.

Wir zeichnen erst fleißig die Schreibschrift:
In einem nach rechts verschobenen Quadrat (20×20 mm) bewegen sich die Buchstaben. Eine Ausnahme bilden G, J, Y. Hier muß der Raum um 10 mm nach unten vergrößert werden.
Kleine Buchstaben (15×15 mm), nach rechts verschobenes Quadrat. Bei d, f, g usw. muß der Raum nach oben und unten erweitert werden.

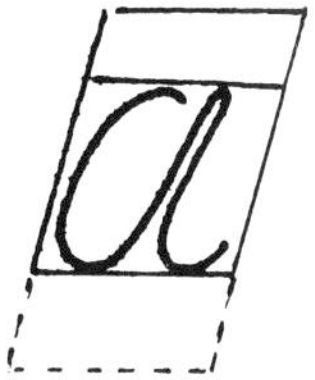

abcdefghijklmn

opqr stuvwxyz

1234567890

Mocca   Sacher

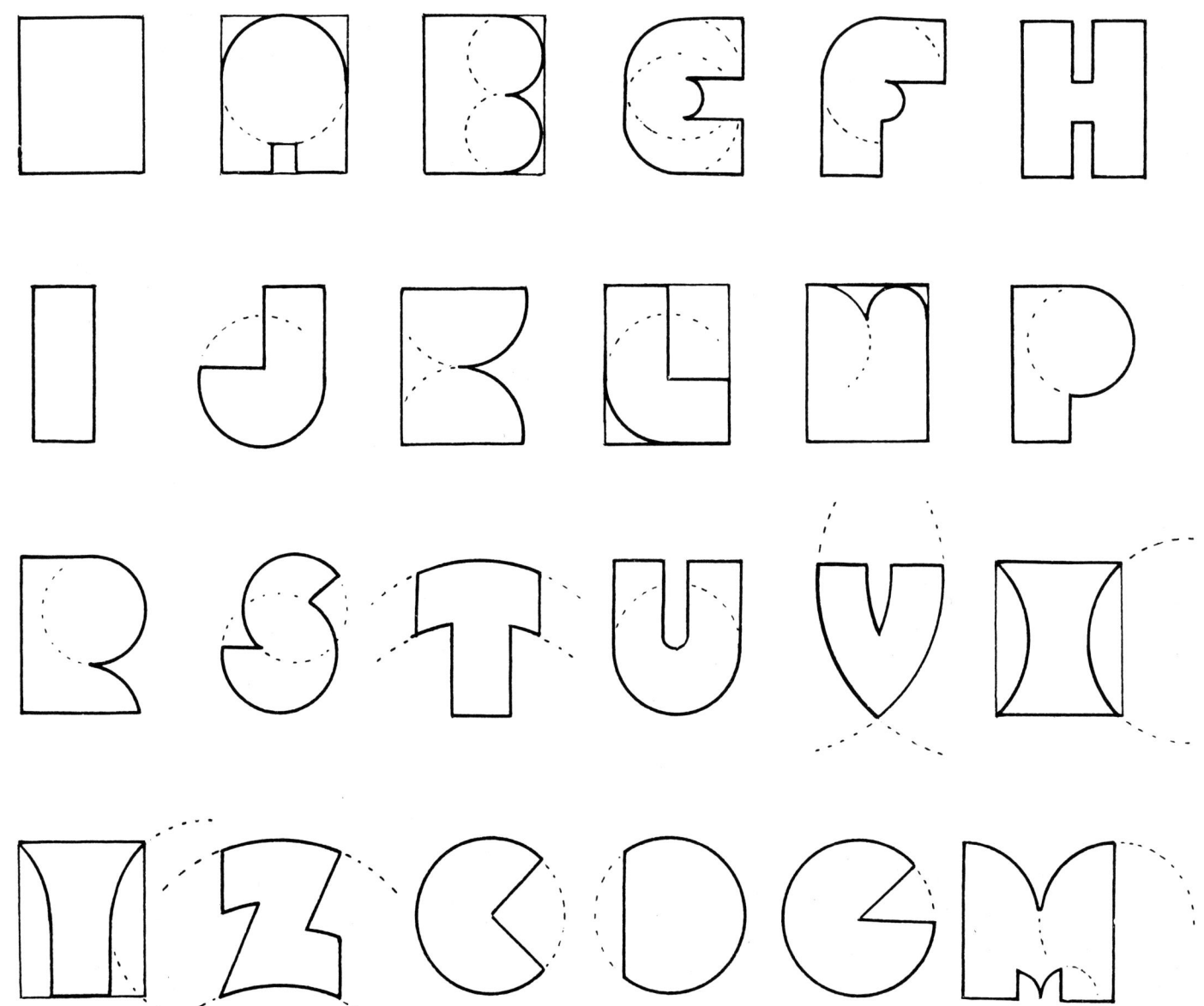

BLOCKSCHRIFT ZUM AUSSTECHEN

Diese Buchstaben können Verwendung finden, wenn nur ein Wort oder kurzer Text (Peter, zur Taufe) auf ein Werbestück oder eine Formtorte aufgelegt werden. Weil ein exaktes Ausschneiden der Buchstaben zeitraubend ist und viel Mühe macht, sollten zu diesem Zwecke Ausstecher angefertigt werden, die sich aus schmalem Blechband herstellen lassen.

Wir zeichnen die meisten der Buchstaben in ein Rechteck von 20 × 25 mm. Für die Buchstaben Z, C, D, G, M, O, Q und W benötigen wir ein Quadrat von 25 × 25 mm. Die Zahlen werden in ein Rechteck von 20 × 25 mm eingezeichnet.
Die Anlage von waagerechten, senkrechten und Kreisbogenlinien sind beim Zeichnen dieser Buchstaben unerläßlich.

DER SCHRIFTRING

Bei der Beschriftung eines Schriftbandes oder -ringes sollte man grundsätzlich einen kurzen Text wählen. Die Formulierung sollte sich auf das Wesentliche beschränken.

Weit schwieriger als die Beschriftung eines Marzipanstreifens ist die Garnierung eines Marzipanringes. Zur Erleichterung dieser Arbeit dient die Tortenteilschablone. Der Marzipanring wird auf die Schablone gelegt, und der zur Verfügung stehende Raum eines Buchstabens wird durch die Einteilung angezeigt. Grundsätzlich sollte man sich merken, alle senkrechten Linien des Buchstabens zeigen von der Kreislinie des Marzipanringes zum Mittelpunkt der Schablone. Alle waagerechten Linien laufen parallel zur inneren und äußeren Kreislinie des Ringes. Die Schriftform richtet sich einmal nach dem Text und sollte sich zum anderen im Stil der übrigen Garnierung, zum Beispiel der Torte, anpassen.

DAS RÄUMLICHE ZEICHNEN VON GEBÄCKSTÜCKEN

Um einen bildhaften Eindruck von einer Torte, Eisbombe usw. zu erhalten, muß eine räumliche Darstellung erfolgen. Wie ich den Gegenstand sehe, kommt auf meinen Standpunkt an. Wir müssen also das, was wir sehen, richtig wiedergeben, perspektivisch dem Gegenstand das richtige Maß zu erteilen.

Wir wählen für die räumliche Darstellung unserer Erzeugnisse in den meisten Fällen das Schrägbild. Uns erscheinen darin alle Linien und Formen verkürzt, das heißt, daß die in die Tiefe führenden schräg, alle senkrechten Linien aber senkrecht bleiben. Es erscheint uns die kreisrunde Oberfläche einer Torte oval, diese Form bestimmt unsere Darstellung. Bei Dessertteilen, Tortenstückchen usw. wählen wir bei der zeichnerischen Darstellung die Originalgröße der Anschnittfläche. Um Rand und Oberfläche darzustellen, müssen wir von den Eckpunkten unserer Anschnittfläche schräge Linien in der Länge des Dessertstückes ziehen. Die Punkte werden miteinander verbunden, und wir erhalten die hintere Fläche. Das Einzeichnen von Dekor, Füllungen usw. folgt. Nach Ausradieren der nicht benötigten Linien legen wir unser Gebäck farbig an. Meide grelle Farben! Harmonische Farbwirkung ist anzustreben. Nun wird deutlich: Füllung, Krem, Nugateinlagen usw. Der bildhafte Eindruck wird erhöht, das Gebäck steht im Raum. Figuren 2 und 3 siehe nächste Seite!

① Eisbecher, räumlich dargestellt

63

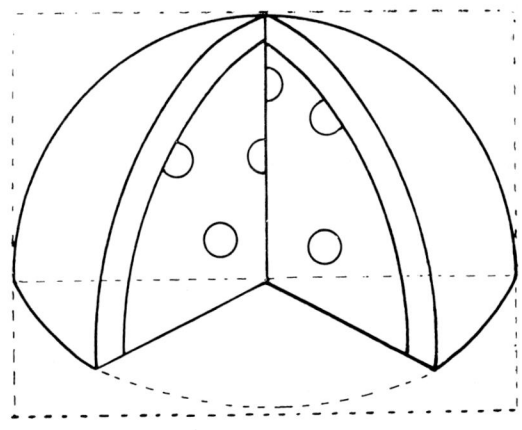

② Eisbombe im Anschnitt, gezeichnet im Rechteck.

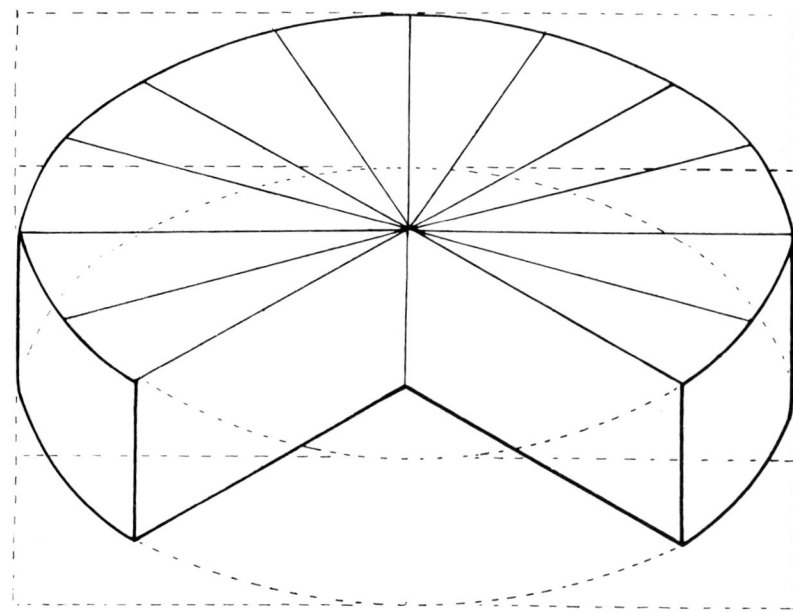

③ Anschnitt-Torte, in zwei ineinanderliegenden Recht-
ecken gezeichnet. Oval wird im Rechteck gestaltet.

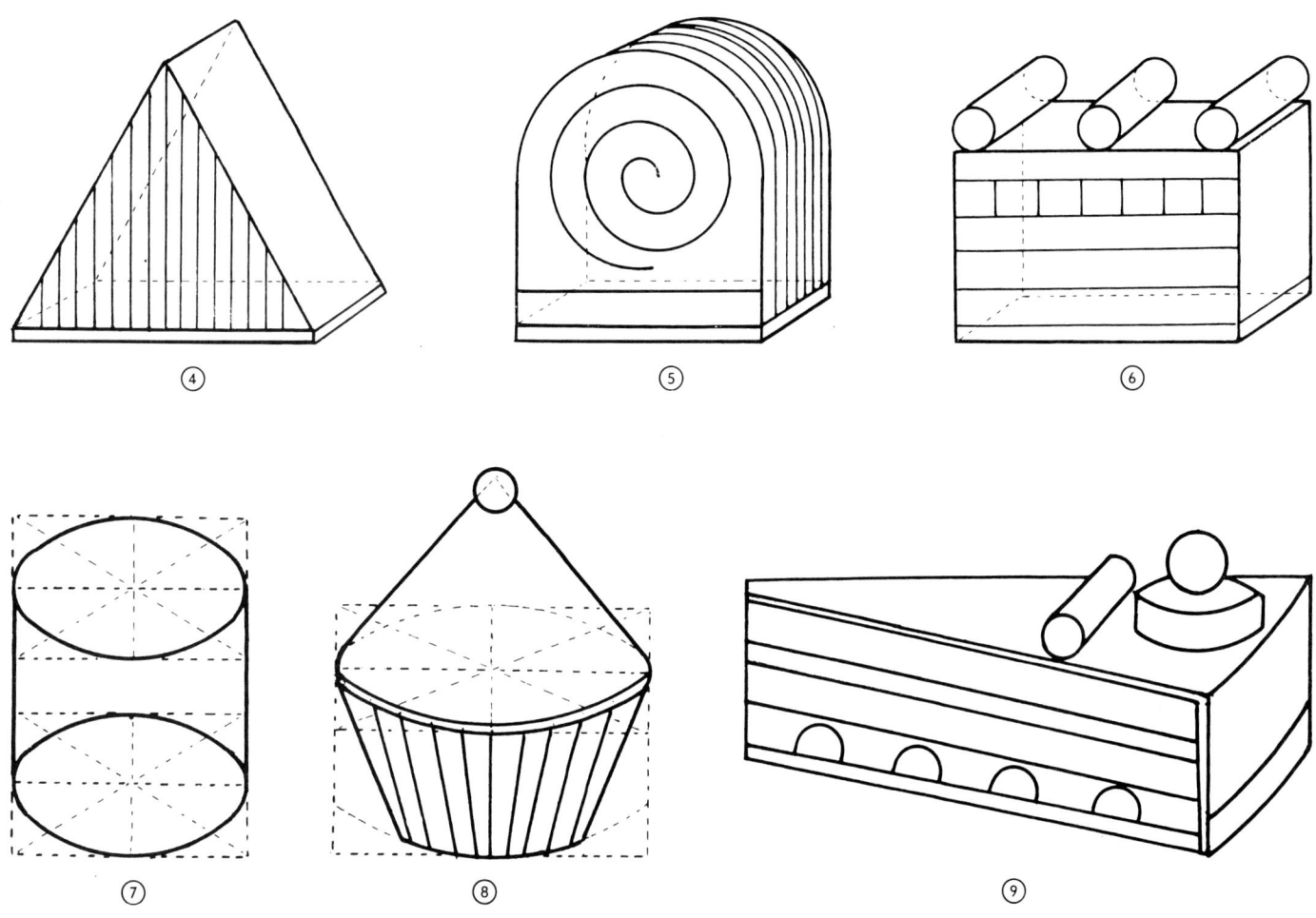

4. Dessertstreifen (Doboschböden), mit Schokoladenbutterkrem zusammengesetzt, diagonal durchschneiden und zur Spitze auf einen dünnen Mürbteigboden zusammensetzen.
5. Roulade. Schokoladenkapsel mit Kirschwasserbutterkrem bestreichen und alles aufrollen.
6. Ananasstreifen. Wiener Boden, Butterkrem und Ananaskonfitüre gefüllt.

7. Nußtörtchen. In Grundkonstruktion kreisrunde Oberfläche, erscheint oval und wird in einem Rechteck gezeichnet.

8. Spitz aufgestrichenes Törtchen. Räumlich gezeichnet.

9. Tortenstück im Schrägbild. Rand, Dekor und Füllung erkennbar.

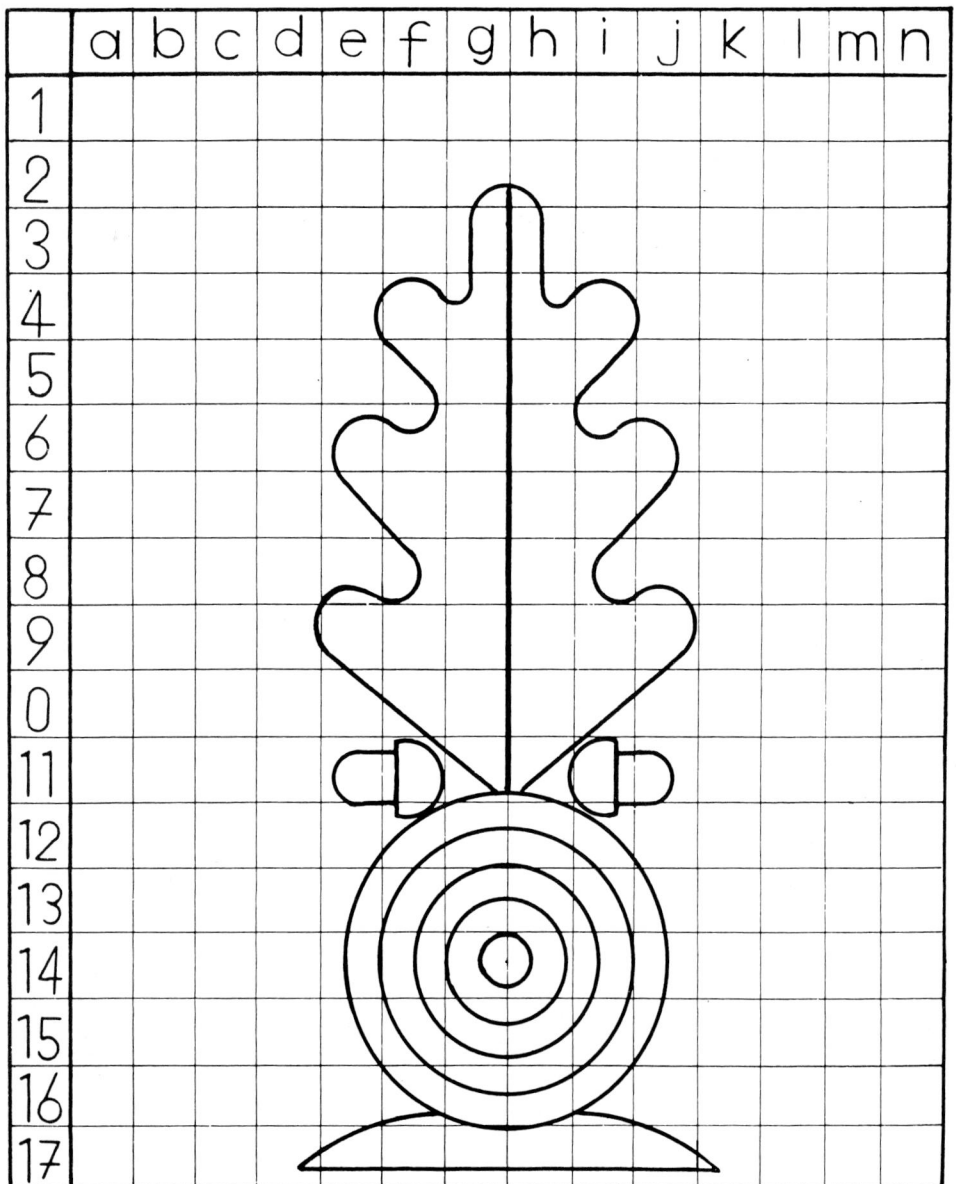

	a	b	c	d	e	f	g	h	i	j	k	l	m	n
1														
2														
3														
4														
5														
6														
7														
8														
9														
0														
11														
12														
13														
14														
15														
16														
17														

VERGRÖSSERN EINER HANDSKIZZE

Ehe wir mit der Herstellung einer Festtagstorte, eines Werbestückes oder eines Schokoladenaufsatzes beginnen, sollte ein Entwurf zugrunde liegen. Die Motivsuche ist wohl der erste Schritt, den wir tun müssen, bevor wir die erste Skizze fertigen. Es folgt in den meisten Fällen eine zweite, vielleicht auch eine dritte Skizze, bis wir mit dem Entwurf zufrieden sind. Nun heißt es, diese kleine Skizze in die natürliche Größe umzusetzen, man bedient sich dabei des Quadratnetzes. Es heißt also, es wird ein Netz von waagerechten und senkrechten Linien im Abstand von 1 cm auf den kleinen Entwurf aufgetragen. Mit Hilfe dieser Einteilung, die im rechten Größenverhältnis auf den Zeichenkarton übertragen wurde, kann die exakte Vergrößerung erfolgen.

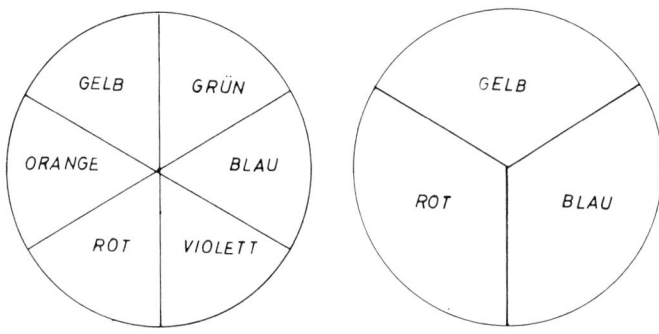

ÜBER DIE FARBE

Licht und Farbe gehören zusammen, vereinfacht ausgedrückt, ohne Licht keine Farbe. Farbe ist eine Empfindung, die bestimmte Lichtstrahlen dem Auge vermitteln. Das Sonnenlicht besteht aus einer großen Zahl verschiedener Lichtarten, die sich durch ihre Wellenlänge unterscheiden. Lassen wir nun weißes Licht durch ein Prisma fallen, welches die unterschiedlichen Wellenlängen verschieden stark bricht, so entsteht ein Farbband, das von Rot über Orange, Gelb, Grün und Blau nach Violett verläuft. Der Übergang zwischen diesen Farben geschieht allmählich.
Im drei- bzw. sechsteiligen Farbenkreis unterscheiden wir Hauptfarben Rot, Gelb, Blau, Zwischenfarben Orange, Grün, Violett. Durch Mischen der Grundfarben entstehen viele Zwischentöne. Zur Farbgestaltung unserer gezeichneten Torten und Dessertstücke würden die 6 Grundfarben mit Ergänzung von Schokoladenbraun und Mokka ausreichen. Wir verwenden dazu Buntstifte bester Qualität, die sich dem weißen Zeichenkarton gut mitteilen. Beim Auftragen der Buntstifte muß auf Gleichmäßigkeit geachtet sowie auf Farbharmonie besonderer Wert gelegt werden.

VERWENDUNG VON FARBE IN DER KONDITOREI

Ein Grundsatz ist lobenswert und anzustreben, die Verwendung von Nahrungsmittelfarben soweit als möglich zu meiden und nur dort, wo die Eigenfarbe des Materials nicht ausreicht, sollte durch wenig Farbe nachgeholfen werden. Unsere Erzeugnisse sollen schon einmal durch appetitliches Aussehen eine besondere Anziehungskraft ausüben. Ein „Zuviel" an Farbstoff schreckt den Kunden ab, selbst wenn eine gute Geschmackskomposition vorliegt. Durch verschiedenartige Anordnung von Material läßt sich genügend Farbkontrast schaffen.
Beim Überziehen von Torten, Petits fours oder Dessertteilchen mit Fondant sollte die Beigabe von Farbstoff auf das äußerste be-

schränkt bleiben. Außerdem stehen uns Konditoren genügend färbende Materialien zur Verfügung. Ich denke an Couleur, Kaffee, Kuvertüre, Kakao, Nugat usw., die ein kostrastreiches Gestalten erlauben.
Wird ein Werbestück aus Karamel hergestellt, so sollte die Farbzugabe sehr sorgfältig gewählt werden. Einige Tropfen Milchweiß verleihen dem Karamel einen weichen, milchigen Grundton, der die weitere Farbgestaltung günstig beeinflußt.
Zum harmonischen Gesamteindruck muß die Anwendung von Farbstoff mit Bedacht erfolgen.

DER ENTWURF FÜR TORTEN, FORMTORTEN UND WERBESTÜCKE

Ehe ein Entwurf zustande kommt, gehen Überlegungen voraus, für welchen Zweck oder festlichen Anlaß Werbestück oder Torte bestimmt sind. Als weiterer Schritt wird uns das Motiv beschäftigen: Was ist charakteristisch oder symbolisch für ein Handwerk, eine Stadt, ein Jubiläum usw.? Das Zeichen einer Zunft, das Wappen einer Stadt, die Jahreszahl eines Festes — um nur einiges zu nennen. All das wird uns Anregung für eine erste Skizze geben. Denken wir auch an die glückbringenden Zeichen: Stern, Hufeisen, Kleeblatt, Pilz, Schweinchen; sie können auch als ornamentaler Schmuck Anwendung finden. Auch die Jahreszeiten geben uns Eindrücke, die wir in unseren Entwürfen mit verarbeiten können. Frühjahr — erste Blüten, Schmetterling. Sommer — volle Blütenpracht, Kinderfest. Herbst — Ernte, Früchte, Weintrauben, Äpfel, Birnen usw., Kirbe. Winter — Stern, Symbol des Glücks, Eiskristall, Winterfreuden usw. Eine Fülle von Ideen, die wir in die rechte Form bringen müssen. Dazu kommen die familiären Feste: Geburtstag, Taufe usw., und nicht zuletzt Fasching, Ostern, Pfingsten, Weihnachten mit der großen Zahl an symbolischen Zeichen. Wir müssen uns nur mit der Sache beschäftigen und etwas darüber nachdenken, dann wird kein Mangel an Einfällen sein. Noch einmal aber sei gesagt, naturalistische Nachbildung scheidet von vornherein aus. Diese Ideen gilt es nun zweckentsprechend im rechten Material zu gestalten. Dabei darf kein Fremdmaterial, wie zum Beispiel Holzstäbchen, Draht, Pappe, um nur einiges zu nennen, mit verarbeitet werden. Das verarbeitete Material darf nicht überfordert werden. Es muß dem Zweck entsprechend eine gewisse Stärke aufweisen, die Haltbarkeit erwarten läßt. Zu beachten sei der Einsatz von Nahrungsmittelfarben. Hier ist Vorsicht geboten. Harmonische Farbgebung ist unter Berücksichtigung der Eigenfarbe des Materials anzustreben. All diese Punkte müssen Berücksichtigung finden und sollten über die Skizze zur Werkzeichnung in Originalgröße führen. Sie soll Auskunft über Vorderansicht und die aufzulegenden und schmückenden Teile geben.

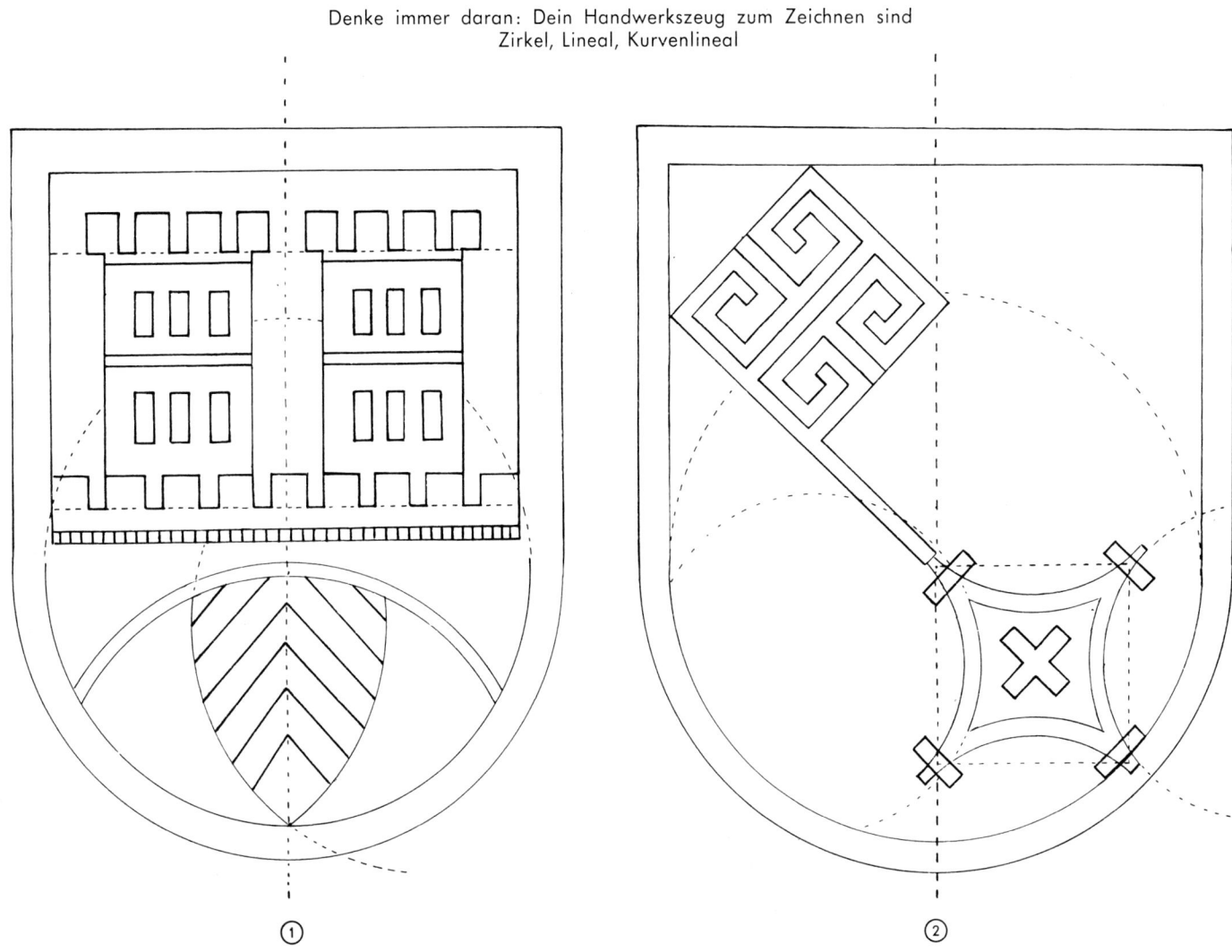

①

②

68

Thema: Bielefeld grüßt seine Gäste

Thema: Der Senat von Bremen grüßt

③

④

Thema: Zum Jubiläum

Thema: Advent

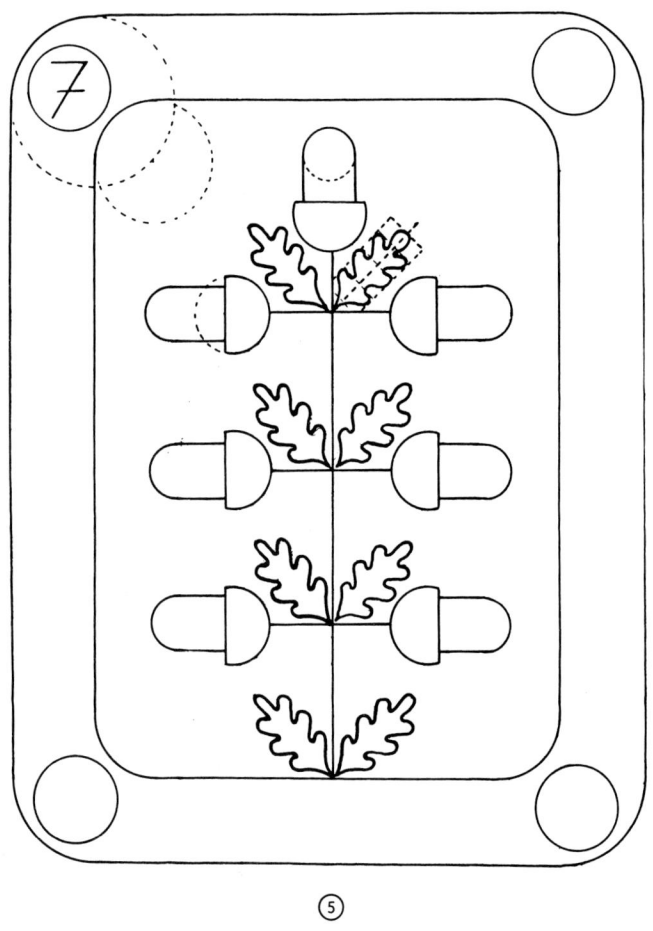

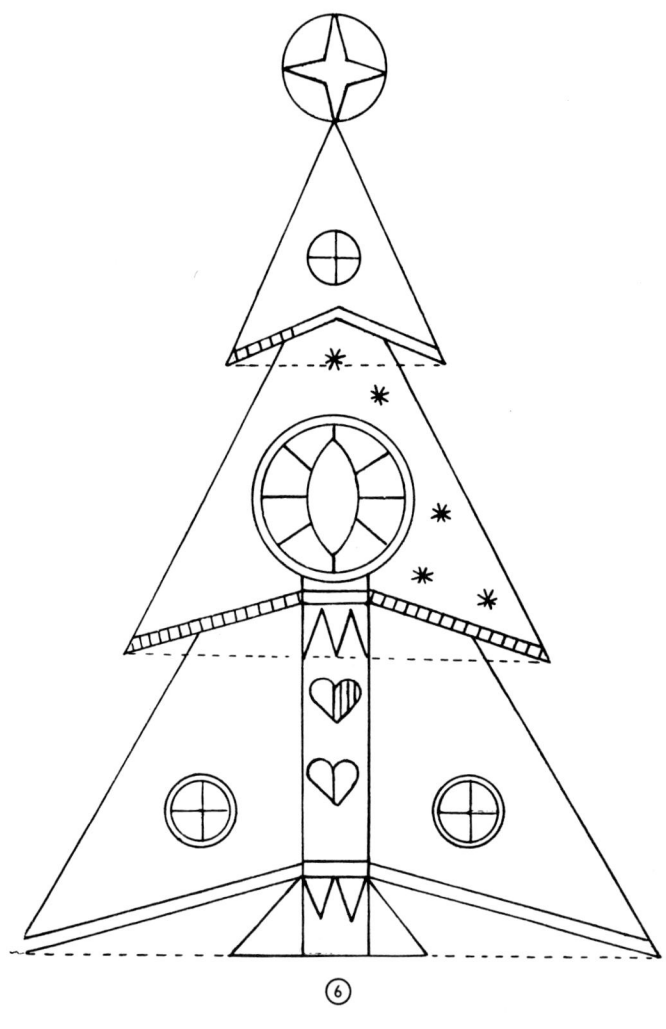

Thema: Preisskat

Thema: Christfest

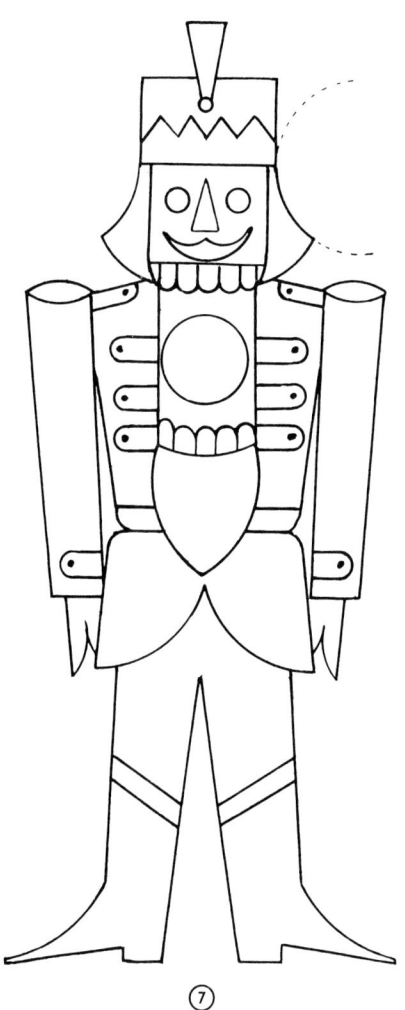

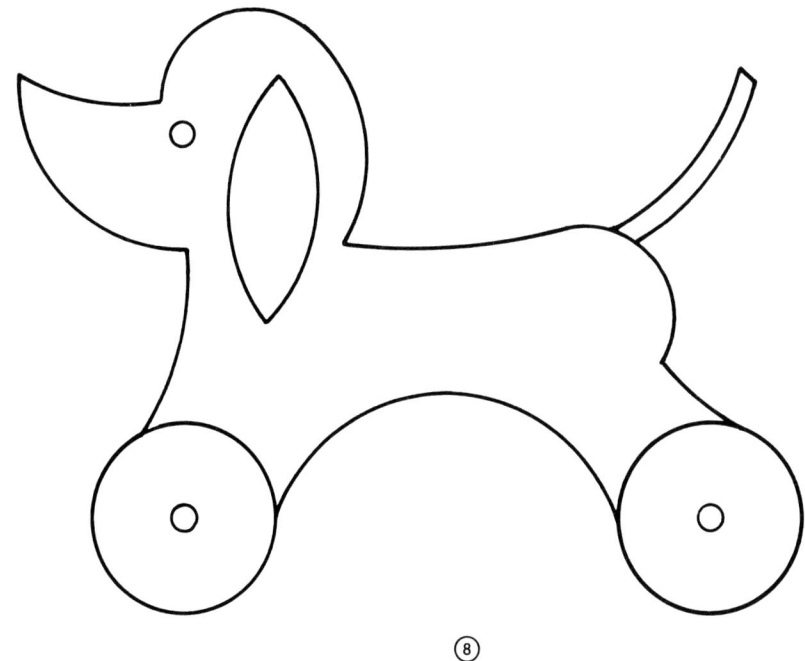

Thema: Adventszeit

Thema: Kindergeburtstag

Thema: Weihnachtsgebäck

Thema: Prosit Neujahr

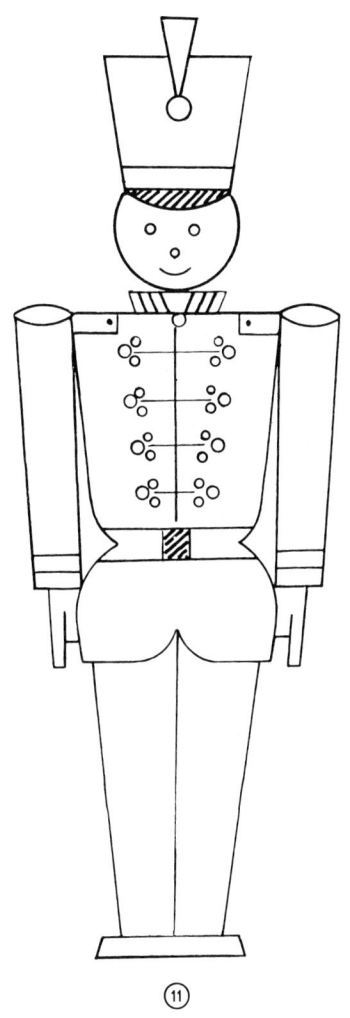

Thema: Kindergeburtstag

Thema: Gartenbau-Ausstellung

73

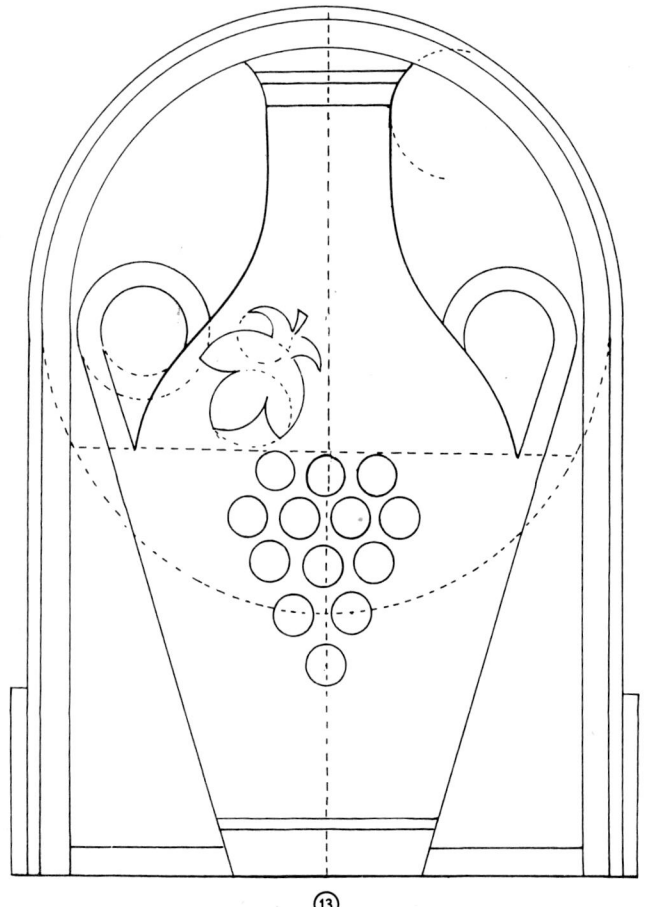

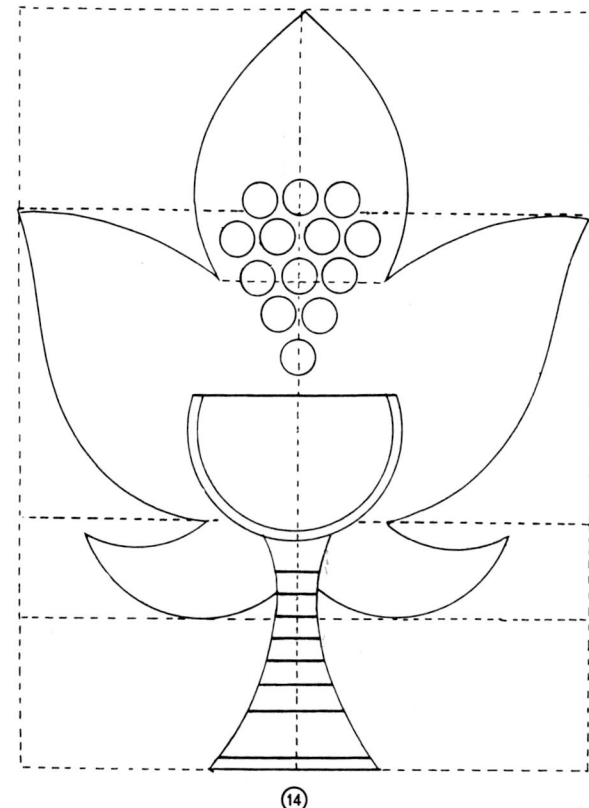

Thema: Weinfest

Thema: Winzerfest

Thema: Ostern

Thema: Ostern

Thema: Hochzeitstag

Thema: Zur Geschäftseröffnung

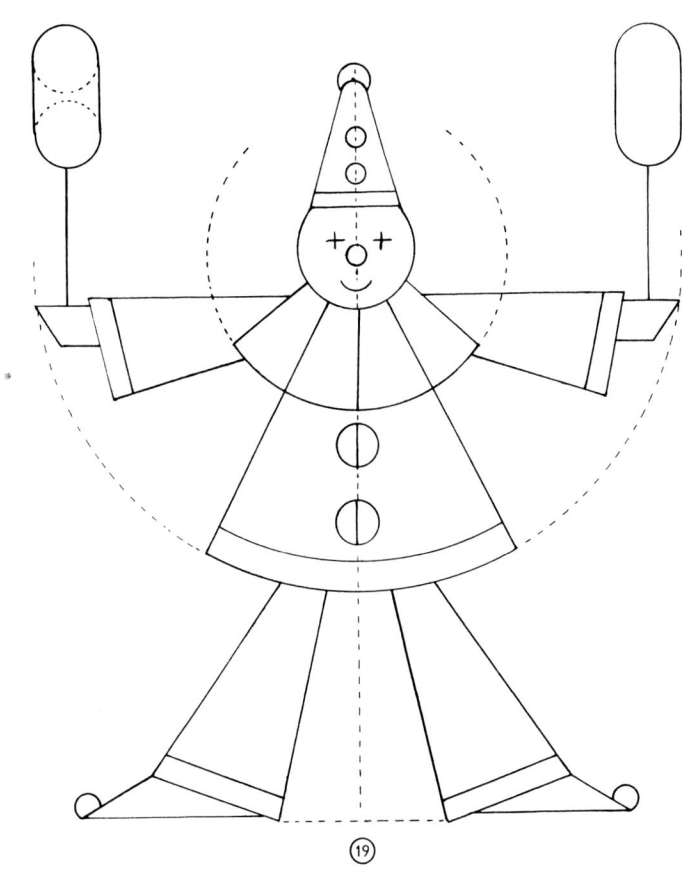

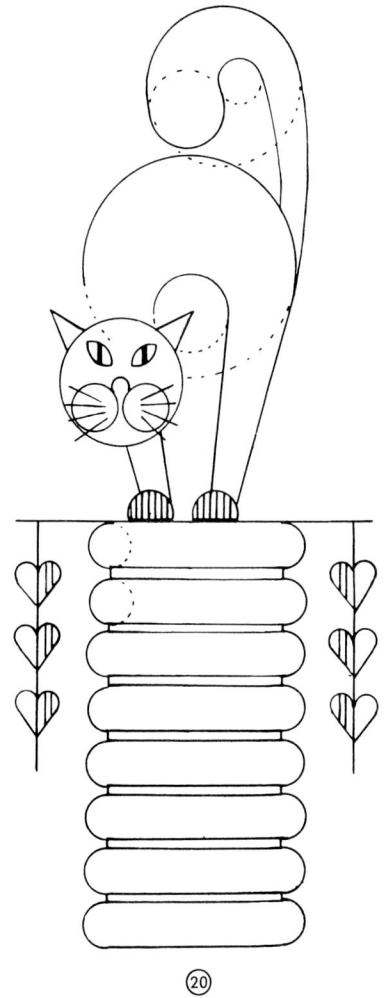

Thema: Fasching

Thema: Karneval

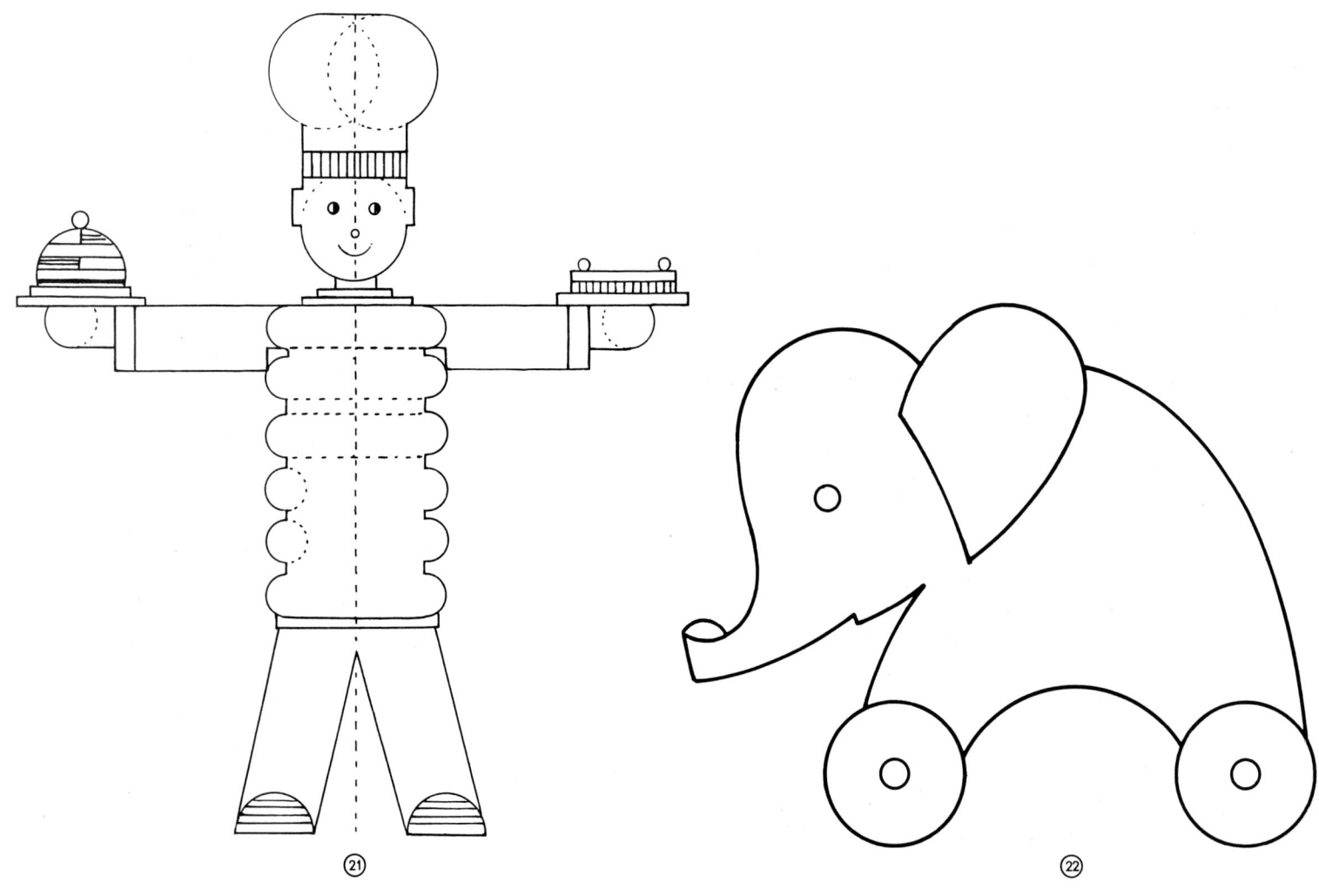

Thema: Geschäftsjubiläum

Thema: Kindergeburtstag

① ②

ENTWÜRFE FÜR FORMSTÜCKE BILDER 1—19

Thema: Im Zeichen des Steinbockes   Thema: Im Zeichen des Skorpions

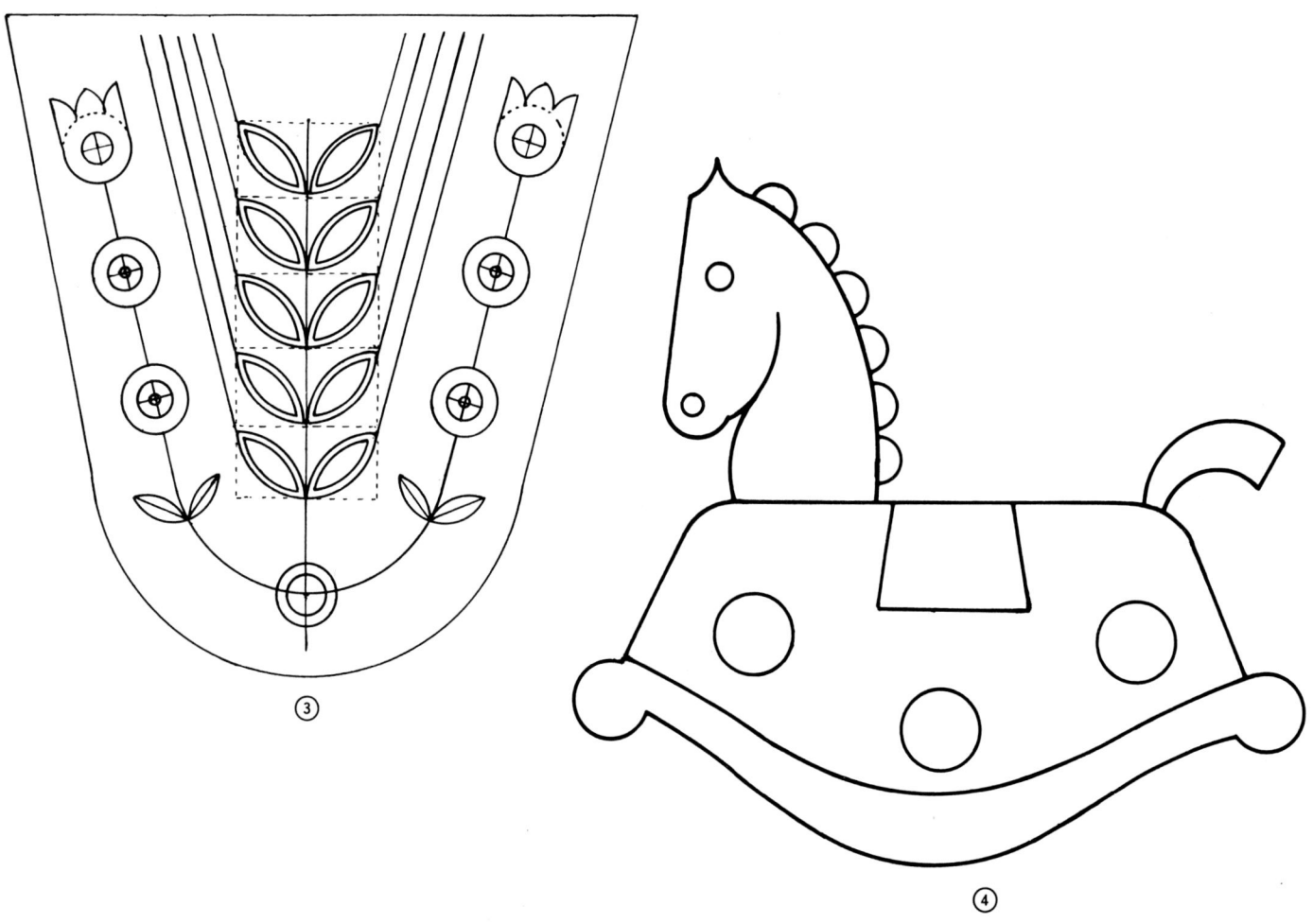

③

④

80   Thema: Erntedank   Thema: Kindergeburtstag

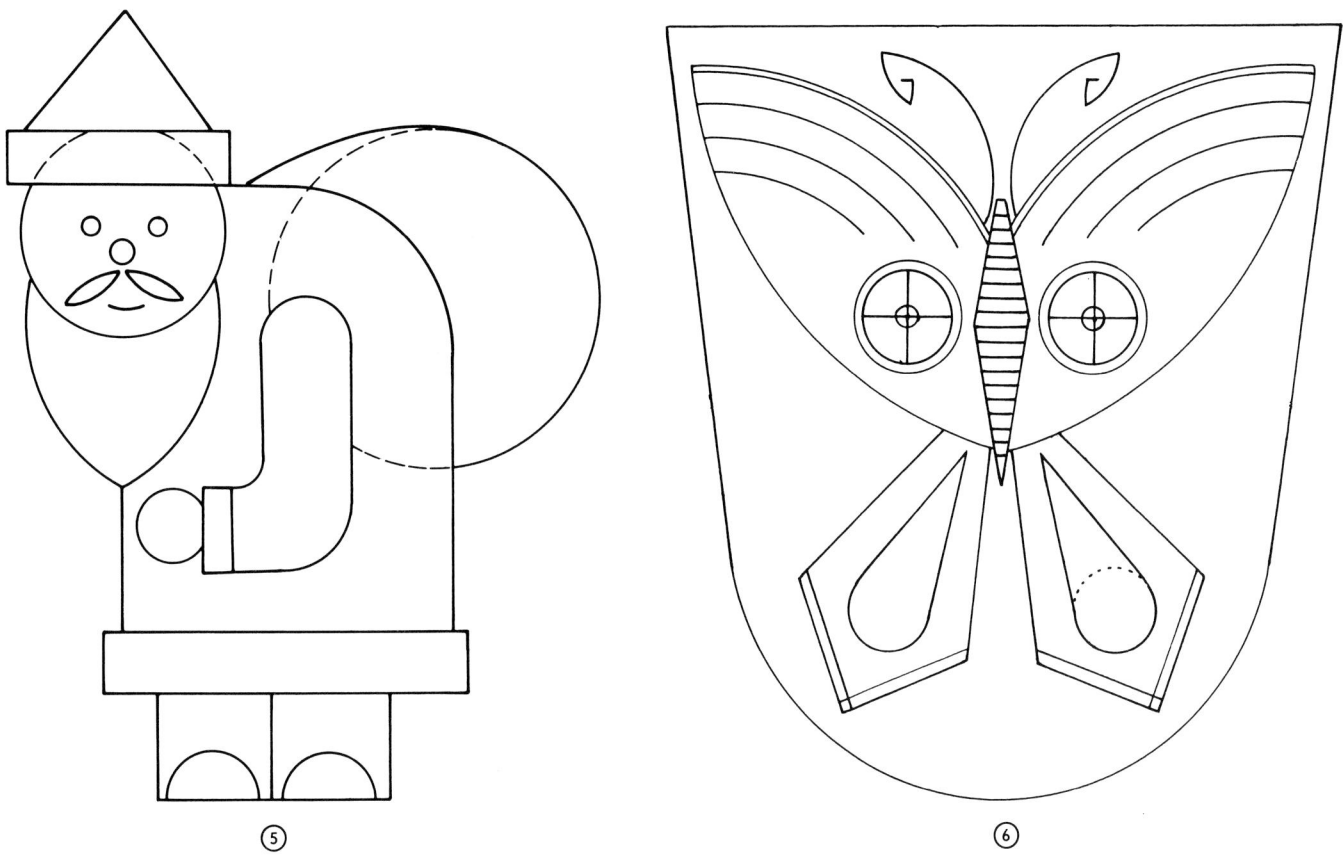

⑤

⑥

Thema: Weihnachten

Thema: Frühling

81

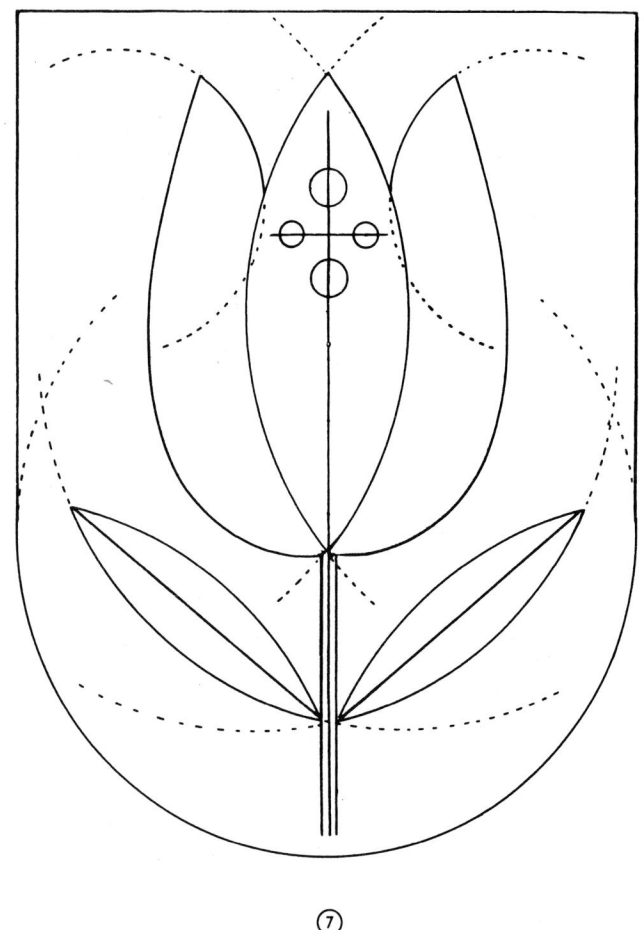

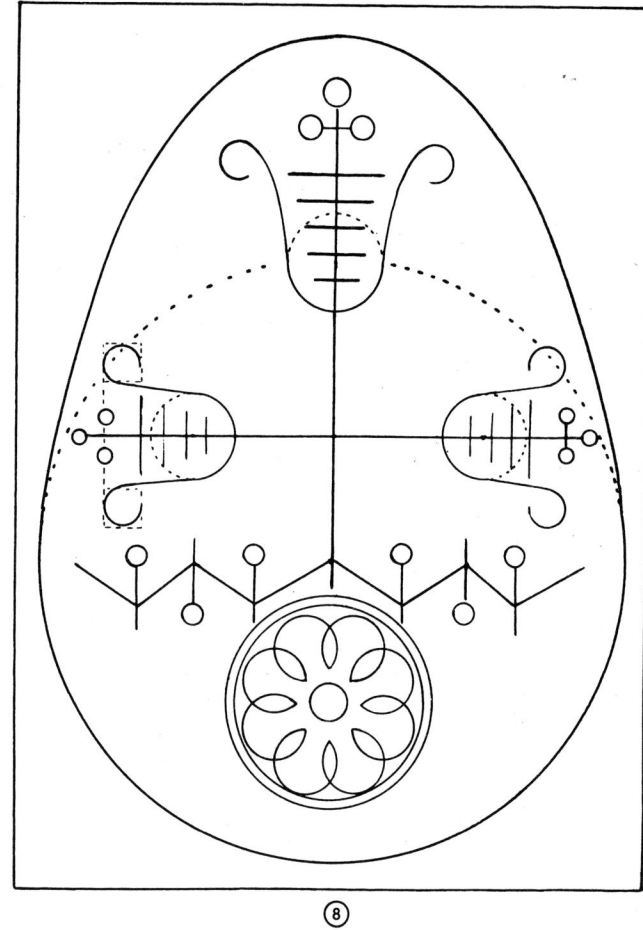

⑦

⑧

Thema: Gartenfest

Thema: Ostern

⑨

⑩

Thema: Kindergeburtstag

Thema: Namenstag

83

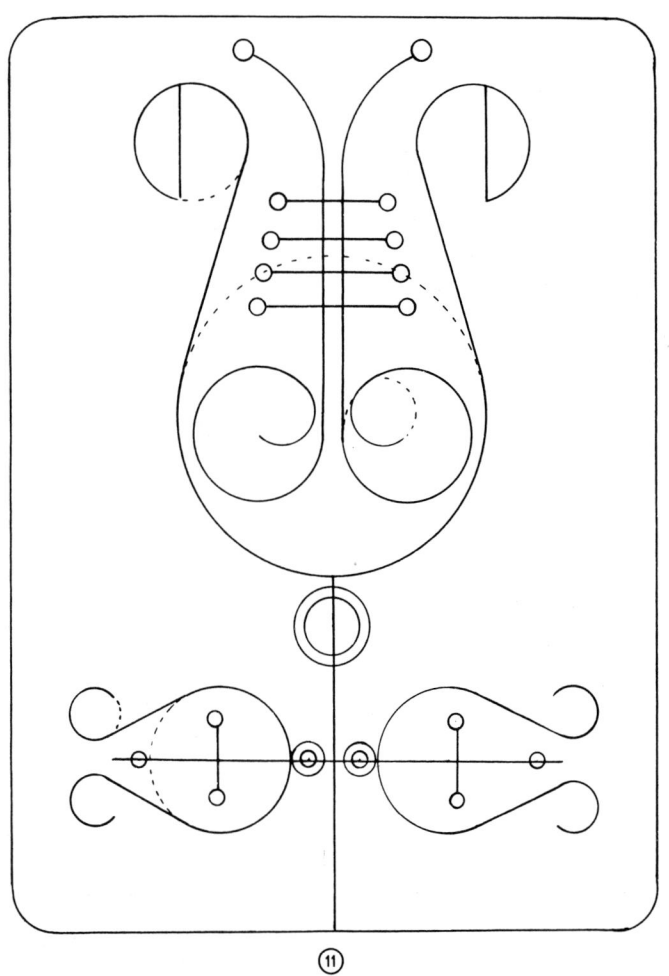

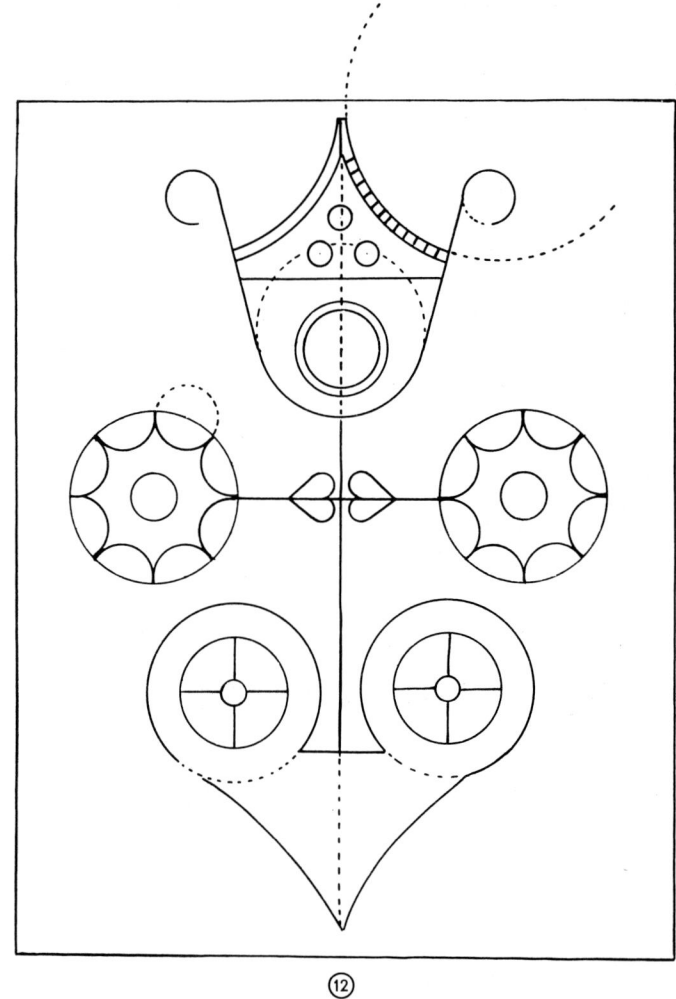

Thema: Blumenkorso

Thema: Zum neuen Jahr

Thema: Weihnachtsfest

Thema: Muttertag

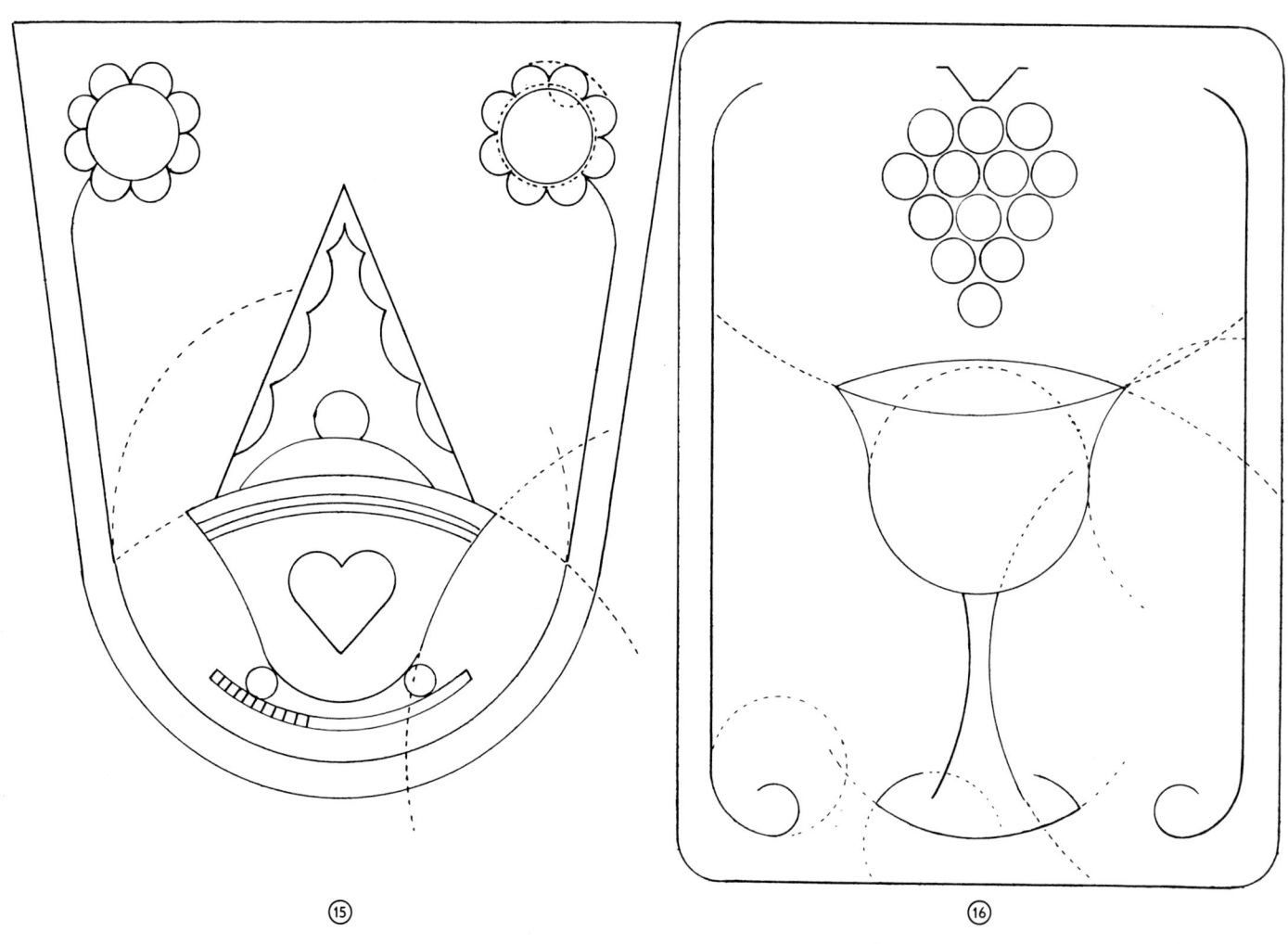

Thema: Zur Taufe

Thema: Weinlese

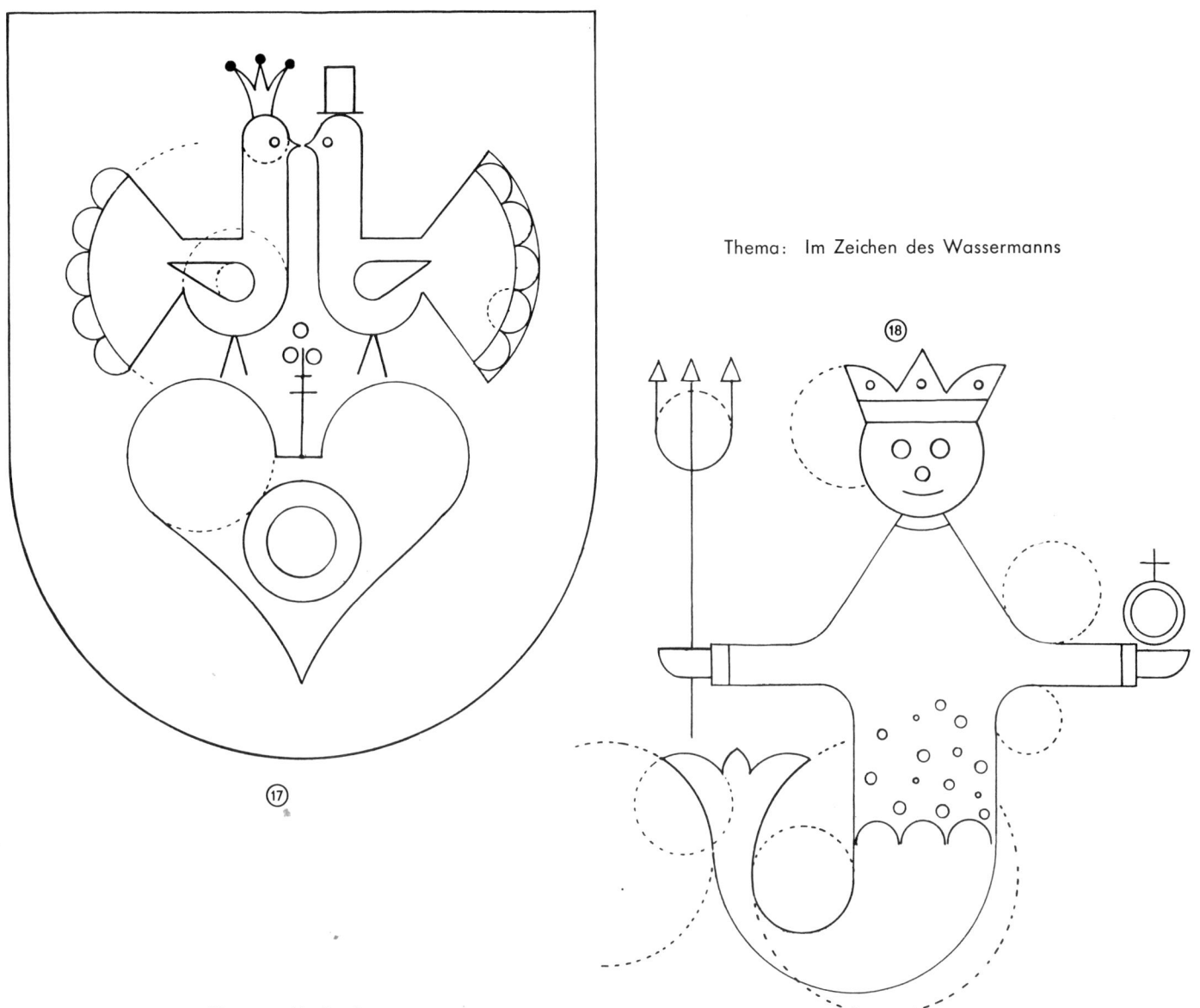

Thema: Im Zeichen des Wassermanns

⑰

Thema: Hochzeit

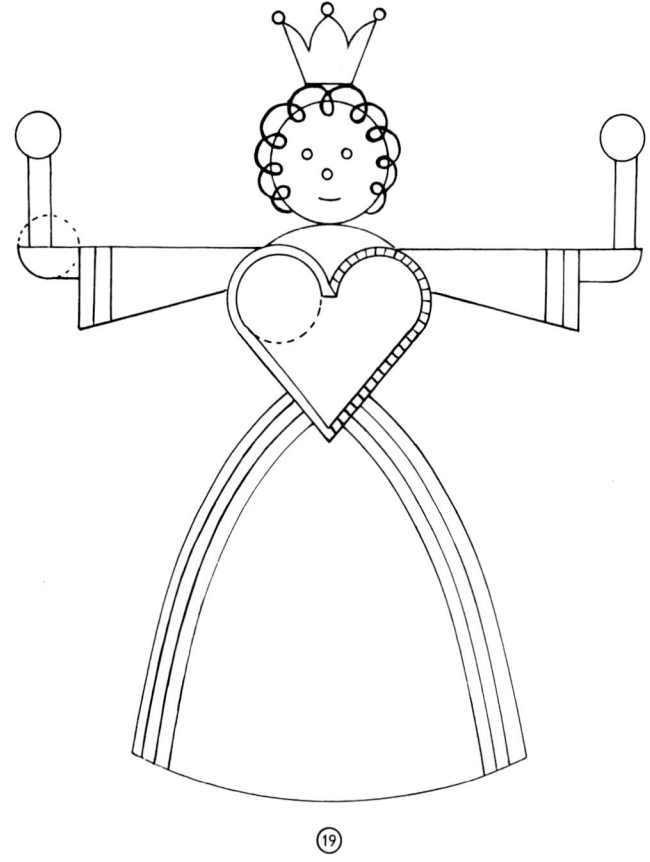

Thema: Christfest

Thema: Gruß aus Holland

DAS WERBESTÜCK

Ein Werbestück hat die Aufgabe, im Konditoreischaufenster den Kunden auf Spezialitäten oder besondere Auslagen hin anzusprechen. Auch als Blickfang kann ein Werbestück gedacht sein, um so die Aufmerksamkeit in eine bestimmte Richtung zu lenken. Wir erwarten vom Werbestück eine Aussage. Es soll Kontakt zwischen Kunden und der ausgestellten Ware geschaffen werden. Ein Verweilen vor dem Schaufenster ist erreicht, und damit beginnt der Verkauf.

Wir Konditoren stellen unsere Werbestücke aus verschiedenem Material her. So einmal aus Zucker, der zu Karamel gekocht, gegossen oder geblasen wird. Auch Baumkuchen, Krokant, Makronenmasse und Kuvertüre finden bei der Herstellung von Werbestücken oder Tafelaufsätzen Verwendung. Das Material, welches zur Verarbeitung gelangt, sollte vom Zweck und der herzustellenden Figur bestimmt sein. Es folgt die Skizze, dann der Entwurf in Originalgröße. Eine klare, stilisierte, harmonische Formgebung ist anzustreben. Die Eigenfarbe des Materials ist bei der Oberflächengestaltung zu berücksichtigen. Die Beigabe von Farbstoff zum Karamel sollte vorsichtig und sparsam erfolgen, so daß ein harmonischer Gesamteindruck erreicht wird. Das meisterliche Können sollte in der Verarbeitung des Materials sichtbar werden. Besondere Beachtung muß der sauberen und exakten Ausführung zukommen, das erhöht die positive, optische Wirkung des Werbestückes. Der Aufwand an Zeit ist gerechtfertigt, wenn das werbende Moment sichtbar wird.

ABBILDUNGEN VON WERBESTÜCKEN SIEHE DIE FOLGENDEN SEITEN **89**

①

②

Thema: Zum Nikolaus

Hergestellt aus Karamel, gegossen in den Farben: Milchweiß die Rockaufschläge, Zähne, Mützenschmuck, Sockel und Nase. Die Hose blau, Jacke und Kopfbedeckung rot. Stiefel dunkelbraun. Schmuck aus Spritzglasur und Hagelzucker.

Thema: Gedenktag

Hergestellt aus Karamel, gegossen in den Farben: Äußerer Rand lila, Innenfläche milchweiß, figürliche Abbildung schokoladenbraun. Als besonderer Schmuck wird ein breiter Rand von Königsberger Marzipan umgelegt.

(3)

(4)

Thema: Christfest

Aus Karamel hergestellt und in den folgenden Farben gegossen: gebogener Rand und Stern gelb, eingegossene Umrandung blau, Stütze weiß, Herzen rosa. Dekor: Spritzglasur, Rahmplätzchen und Mandeln.

Thema: Geburtstag

Aus Karamel hergestellt, gegossen in den Farben: gebogener Rand, Stützen und 12 Aufleger milchweiß, angegossener Rand blau, Stern gelb. Die Tierkreiszeichen aus Hippen- und Brandmasse.

⑤

⑥

Thema: Weihnachtsgebäckwerbung

Hergestellt aus Karamel und in folgenden Farben gegossen:
Sack nußbraun, Mantel und Mütze rot, Mützenaufschlag, Bart,
Mantelaufschläge und Stützen milchweiß. Schmuck: Spritzglasur,
Nüsse, Hagelzucker, Marzipan und verschiedenes Gebäck.

Thema: Jahreswende

Hergestellt aus Karamel und in folgenden Farben gegossen:
Körper, Kopf und Sockel milchweiß; Besen, Zylinder, Augen und
Schuhe dunkelbraun, Bäumchen grün. Dekor: Spritzglasur, Pista-
zien, Nüsse und Marzipan.

⑦

⑧

Thema: Ostern

Hergestellt aus Karamel und in folgenden Farben gegossen: Ei-Umrandung und Schwanzfeder gelb, Kamm und Schwanzfeder rot, Ei, Hals, Sockel und Schwanzfeder milchweiß, Beine und Schwanzfeder orange. Kleines Ei ist aus den gleichen Farben mitgegossen worden. Schmuck: Brandmasse, Mandeln, Marzipan und Spritzglasur.

Thema: Hochzeit

Hergestellt aus Karamel, gegossen in folgenden Farben: Blütenring, Täubchen und Sockel milchweiß, Stiel grün, kleine Herzen rot, Schale orange, Schmuck: Brand-, Hippenmasse, Mürbteigring und Spritzglasur.

⑨

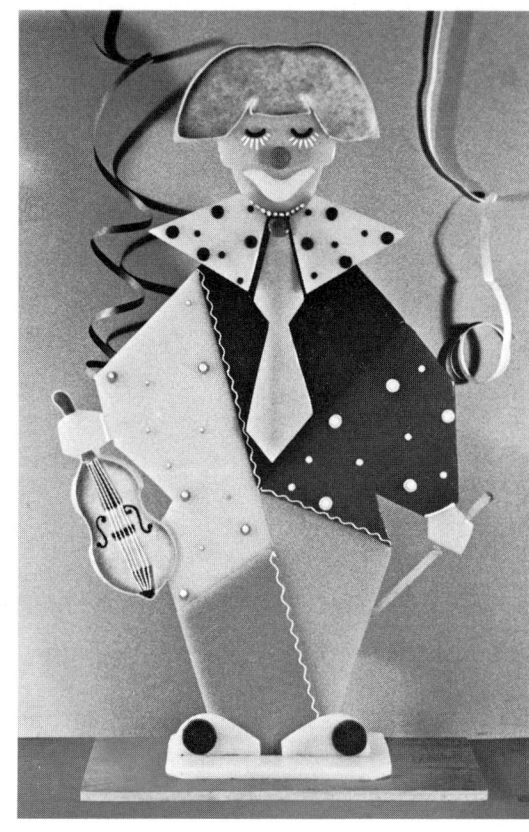

⑩

Thema: Zum Muttertag

Hergestellt aus Karamel und Krokant. Der Karamel wird in den folgenden Farben gegossen: Karamelumrandung für die Schale, Tulpenblüte und Sockel milchweiß, Blumenstiele und -blätter grün, Henkel lila. Linke und rechte Blüte ist aus Baisermasse. Die beiden kleinen Herzen sind aus rotem Karamel. Schmuck: Hippenmasse und Spritzglasur.

Thema: Karneval

Hergestellt aus Karamel und in folgenden Farben gegossen: Körper milchweiß, gelb, blau, rot und grün. Schlips und Schuhe gelb, Halskrause, Mund und Sockel milchweiß, Gesicht und Hände fleischfarben. Als Schmuck wurde verwendet: Haare und Geige Hippen-Brandmasse, Spritzglasur und Marzipan.

94

⑪

⑫

Thema: Frühling

Hergestellt aus Karamel. Pfauenfedern in Rot und Milchweiß gegossen und vor dem Festwerden des Karamels mit dem Torteneinteiler profiliert. Körper und Stützen lila, Krone gelb. Die Garnierung erfolgte mit Spritzglasur sowie Ornamenten aus Hippen- und Brandmasse.

Thema: Zum Weinfest

Hergestellt aus Karamel, in folgenden Farben gegossen: Umrandung braun, eingegossener Rand und Stütze milchweiß, Krug hellblau, Trauben dunkelblau. Schmuck: Hippen-, Brandmasse und Spritzglasur.

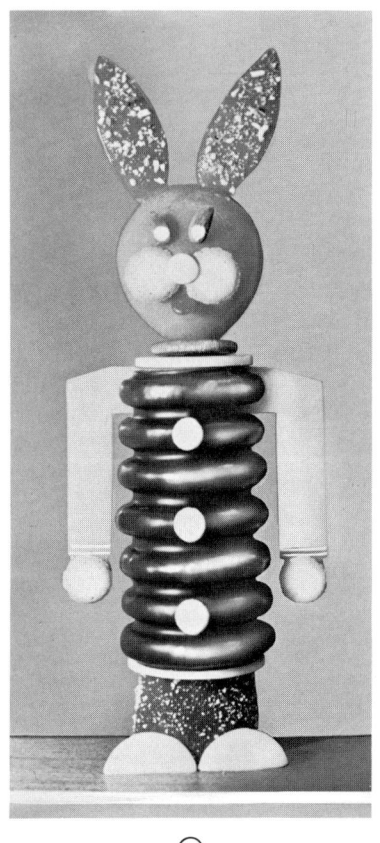

⑬

⑭

Thema: Ostern

Hergestellt aus Baumkuchen sowie aus gegossenem und geblasenem Karamel. Kopf geblasen, braun, Ohren braun, Arme gelb, Hosen, als Band rot gegossen und rund gebogen, Füße milchweiß. Schmuck: Rahmplätzchen, Mandeln, Hagelzucker und Spritzglasur.

Thema: Geschäftseröffnung

Hergestellt aus Baumkuchen sowie aus gegossenem Karamel. Arme, Beine und Kopfbedeckung milchweiß. Gesicht und Hände fleischfarben. Schmuck: Marzipan, Spritzglasur und Schokolade.

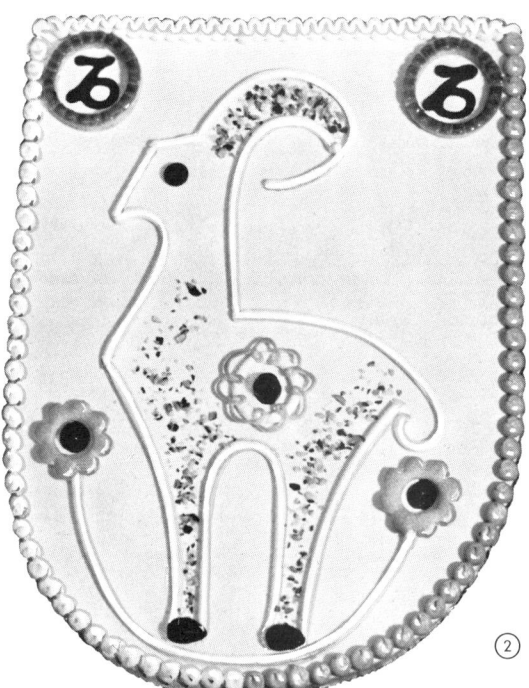

DIE FORMTORTE

ist ein Teil des Meisterstückes. Es wird erwartet, daß diese Arbeit sauber und exakt ausgeführt wird. Weiter soll sie Auskunft geben über die handwerkliche Geschicklichkeit.

Grundform der Torte und die schmückenden Teile sollen in einem harmonischen Verhältnis stehen.

Bei der Oberflächengestaltung sollte die Eigenfarbe des verschiedenen Materials zueinanderpassen.

Bei der Beurteilung der Formtorte ist aber der Geschmack von besonderer Bedeutung. Die Geschmacksempfindungen sind individuell. Wir unterscheiden besondere Merkmale: sauer, süß, salzig, bitter, herb, scharf, würzig, mild. Eine negative Beurteilung des Geschmackes wird zum Beispiel dann erfolgen, wenn ein Zitronenkrem etwas bitter schmeckt, hervorgerufen durch einen Kern, der versehentlich zerschnitten wurde und in den Krem gelangte.

Nun, hier ließe sich manches anführen. Diese einzelnen Punkte zeigen wohl deutlich, welche besondere Beachtung der Formtorte zukommt.

Thema: Hochzeit

Zwei Schokoladen- und einen Wiener Boden mit Pistazien- und Erdbeerbutterkrem füllen. Einstrich und Garnierung der Torte mit Vanillebutterkrem. Schmuckteile aus Kuvertüre, Hippen- und Brandmasse, weitere Garnierung Kirschen und gehackte Mandeln.

Thema: Geburtstag (im Zeichen des Steinbockes)

2 Mandelböden und 1 Schokoladenboden werden mit Kirschwassersahne gefüllt. Außerdem werden geschmorte Sauerkirschen eingestreut. Der Einstrich und die Garnierung erfolgen mit Vanillesahne, die Hälfte der Tupfen mit Schokoladensahne. Schmuck: Mandeln, Hippen- und Brandmasse und Königsberger Marzipan (siehe Entwurf Seite 79).

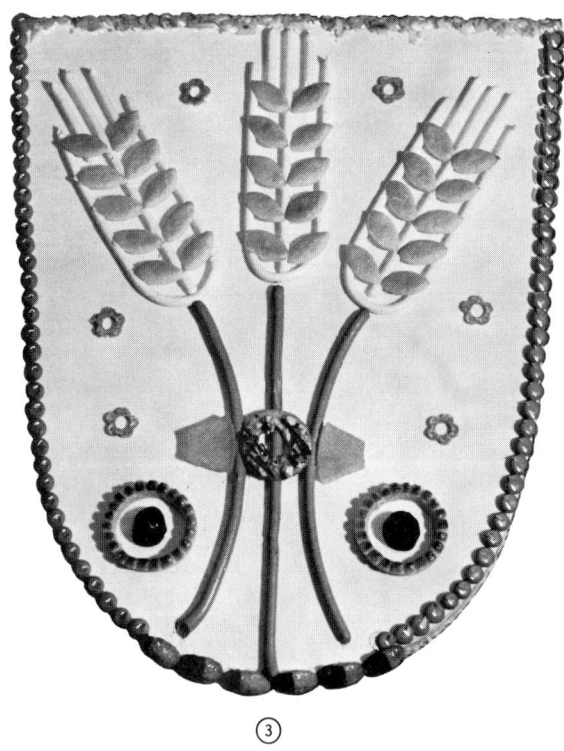

③

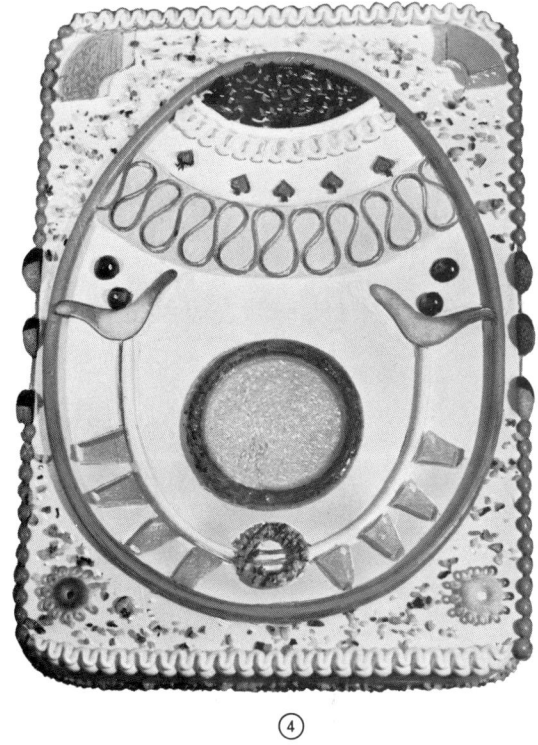

④

Thema: Erntedank

2 Nuß- und 1 Schokoladenboden werden mit leichtem Vanille-Nußkrem gefüllt. Einstrich mit Rumbutterkrem, der teils auch zum Garnieren Verwendung findet. Außerdem kommen Schokoladenbutterkrem sowie Mandeln, Mürbteigblüten und Königsberger Marzipan zum Einsatz.

Thema: Ostern

4 dünne Rembrandtböden werden schwach mit Rum-Schokoladen-Butterkrem gefüllt. Einstrich mit Vanillebutterkrem. Dekor: Mandeln, Makrone, Hippen-, Brandmasse, Gelee und Ananasspitzen.

⑤

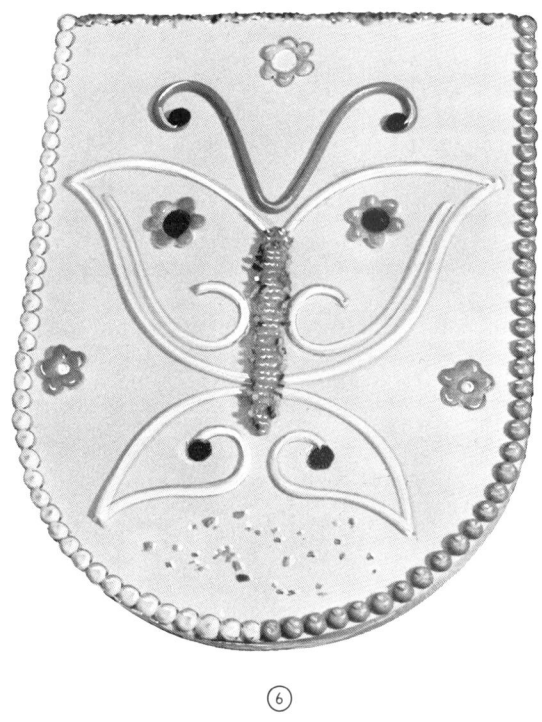

⑥

Thema: Geburtstag

Drei Nuß- und einen Baiserboden mit Mokkabutterkrem füllen, Einstrich und Garnierung der achtblättrigen Blüte mit Kirschwasserbutterkrem vornehmen. Rand aus mokkafarbenem, gerieftem Marzipan umlegen, Ornamente aus Kuvertüre, mit Kirschen schmücken.

Thema: Frühling

4 Mandelmürbteigböden werden mit Nußsahnekrem gefüllt. Einstrich Vanillebutterkrem. Dekor: Mandeln, Mürbteigblüten, Chellies, Nugatkrem.

1. Die ersten Garnierübungen mit Spritzschokolade oder Spritzglasur sind waagerechte, senkrechte und schräge Linien, daran schließen sich Wellenlinien bis zum Kreisbogen an. Erst wenn diese Grundübungen exakt ausgeführt werden, gehen wir zur Breitschrift über.

2./3. Obwohl diese Kanten für Tortenschmuck äußerst selten verwendet werden, halte ich das Üben für sehr wichtig. Die Reihung von gleichen Figuren aneinander verlangt Konzen-

tration. Diese „Disziplinübung", so möchte ich sie einmal nennen, erhöht die Sicherheit und fördert die exakte Ausführung im Garnieren.

4. Breitschrift A–Z. Zuerst die Buchstaben üben, die sich aus waagerechten, senkrechten und schrägen Linien zusammensetzen, dann erst folgen die Buchstaben mit Kreisbogen. Zum Textschreiben gehen wir erst dann über, wenn die Buchstaben sauber und einwandfrei garniert werden.

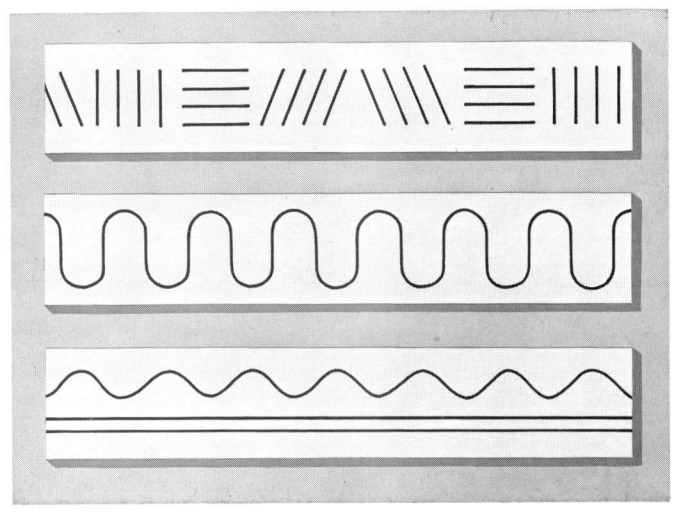

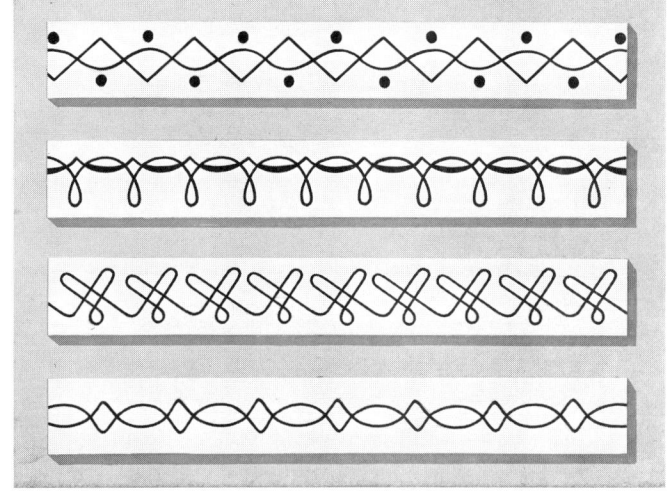

① ②

③ ④

101

⑤

SAHNETORTE

BUTTERKREM

EISKAFFEE

5. Nun folgt zuerst das Garnieren von Wörtern. Auf die Größe der Buchstaben und auf den Abstand achten! Ein Schriftbild muß gegeben sein. Dann erst gehen wir auf das Garnieren von kurzen Texten über. (Zur Taufe, Meiner Mutter usw.)

⑥

ABCDEFGHIJKLMN

OPQRSTUVWXYZ

1234567890

6. Schmalschrift (Buchstaben und Zahlen). Durch die Vorübungen des Zeichnens ist uns das Schriftbild vertraut. Wir beginnen mit den Buchstaben, die waagerechte, senkrechte und schräge Linien aufweisen, dann erst folgen Viertel- und Halbkreisbogen.

⑦

ABCDEFGHIJKLMN

OPQRSTUVWXYZ

Meiner lieben Mutter

7. Schreibschrift, die großen Buchstaben zuerst üben, dann erst folgen die Kleinbuchstaben, die zusammenhängend garniert werden. Es ist besonders auf die Schräglage zu achten. Das Garnieren mit der Spritzmasse wird leichter.

⑧

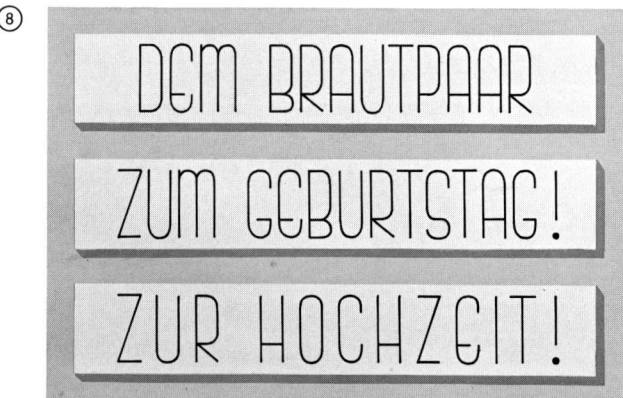

DEM BRAUTPAAR

ZUM GEBURTSTAG!

ZUR HOCHZEIT!

8. Der Vorteil der Schmalschrift ist schon beim Zeichnen betont worden. Achte auf den Abstand zwischen den einzelnen Buchstaben.

MODERNE TORTENGARNIERUNG

ist gleich einfache, materialgerechte Oberflächengestaltung. Die Vorstellung, die Idee von dem, was dargestellt werden soll, muß gegeben sein. Auch hier erst eine Skizze, dann der Entwurf. Es sei nochmals auf die stilisierte Form hingewiesen. Die gegebenen Entwürfe zeigen deutlich den Weg, der zu diesem Ziel einzuschlagen ist. Hilfsmittel helfen gestalten! – Hier denke ich vor allem an die verschiedensten Ausstecherformen, auch kleine, aus Pergamin ausgeschnittene Schablonen verrichten einen guten Dienst und erleichtern die Arbeit ungemein. Ein besonderer Reiz und gestaltende Wirkung gehen vom Material selbst aus. Hier sei auf eine rohe Mandel oder eine geröstete, geschälte Nuß hingewiesen. Welche optische Wirkung geht von der roten Kirsche, der Pistazie oder dem gebackenen Ornament von Hippen-Brandmasse aus. Vergessen wir nicht die verschiedenen Kuvertüren, auch Mürbteig oder Makronenmasse, sie alle gestatten eine vielfältige Ausdrucksmöglichkeit. Ihre Anwendung bereitet Freude, fast spielerisch fügen sich Blüten und Figuren zusammen. Wir haben für die Garnierübungen eine Marzipanplatte von 25 cm Durchmesser gewählt. Als Ausdrucksmittel sind Spritzschokolade, Fondant, Marmelade, Früchte, Hippen-, Brandmasse, Mürbteig sowie Kuvertüre verwendet worden. Hier wurde besonderer Wert auf die handwerkliche Fertigkeit mit der Spritztüte gelegt. Die Wirkung wird durch eine saubere, exakte Ausführung wesentlich erhöht. Zu solchen Leistungen ist fleißiges Üben unerläßlich.

Zum Schluß noch ein Wort zur Tortenrandgarnierung. Auch hier sollte man sich von den alten, verschnörkelten Formen lösen. Die Randgarnierung ist mehr als der Abschluß einer Tortengarnierung, die unterstützende Wirkung auf das Motiv muß zum harmonischen Gesamteindruck führen.

MOTIVE FÜR FASCHING, FRÜHLING, OSTERN, WEIHNACHTEN UND NEUJAHR siehe Abbildungen 1—14 Seite 104—110

MOTIVE FÜR GEBURTSTAG, MUTTERTAG, HOCHZEIT, JUBILÄUM, ERNTEDANK, WEINLESE, FAMILIENFESTE, GLÜCKWUNSCHTORTEN siehe Abbildungen 1—19, Seite 111—120

①

②

Thema: Fasching

Dieses Motiv erlaubt eine äußerst rationelle Herstellung. Durch leichtes Eindrücken eines ovalen Ausstechers wird die Kopfform gegeben. Der Zylinder wird aus Schokoladenmarzipan ausgeschnitten. Die Ohren werden aus dünner Orangeatschale tropfenförmig ausgestochen. Verschieden große und kleine Punkte von Fondant, verschiedenfarbige Marmelade und Kuvertüre.

Thema: Maskenball

Hier hat der Entwurf Nr. 19, Seite 77, Pate gestanden. Zum Garnieren und Ausschmücken ist Spritzschokolade, Fondant und Marzipan verwendet worden.

③

④

Thema: Fasching

Jedes Tortenstück wird mit einem Canachekremstrich und einem Mandelmürbeteigring garniert. Eine kleine Faschingsfigur, aus verschiedenfarbigem Marzipan ausgerollt und ausgestochen, schmückt das Zentrum der Torte.

Thema: Frühling

Die Grundgestaltung der drei verschiedenen Blüten geht von ausgestochenen Marzipanfiguren aus. Von der mittleren Herzblüte erfolgt die symmetrische Anordnung der anderen Blumen. Die weitere Ausgarnierung verlangt Spritzschokolade, Marmelade, Fondant und Orangeat.

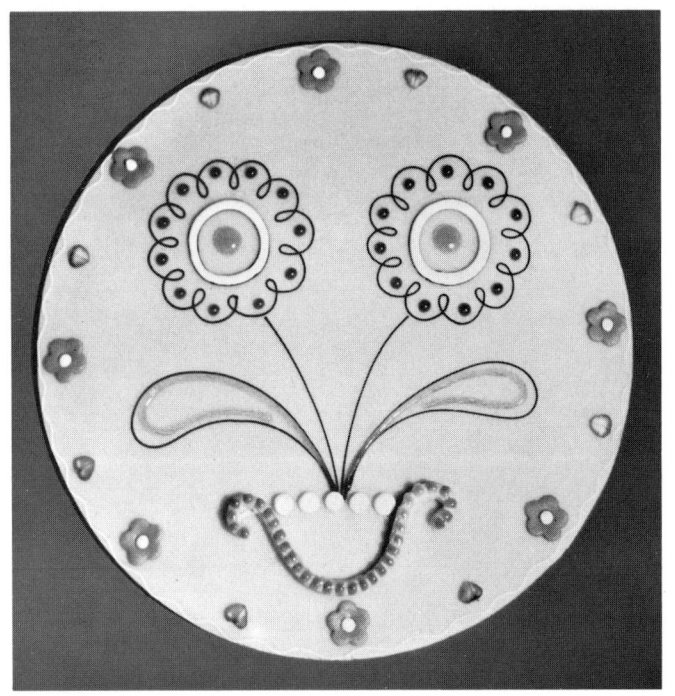

⑤

⑥

Thema: Gartenfest

Um ein akkurates Garnieren der Blüten zu erreichen, wird
ein Ring mittels Ausstechers eingedrückt, der den zur Ver-
fügung stehenden Raum für die Garnierung aufzeigt. Die
Blumenschale besteht aus Königsberger Marzipan, kleine
Mürbeteigblüten schmücken den Rand. Verwendetes Material:
Fondant, Marmelade und Spritzschokolade.

Thema: Ostern

Aus Königsberger Marzipan ist die Eiumrandung gefertigt.
Sie dient als Ausgangspunkt der weiteren Garnierung mit
Marmeladen (verschiedenfarbig), Fondant, Spritzschokolade
und Marzipan.

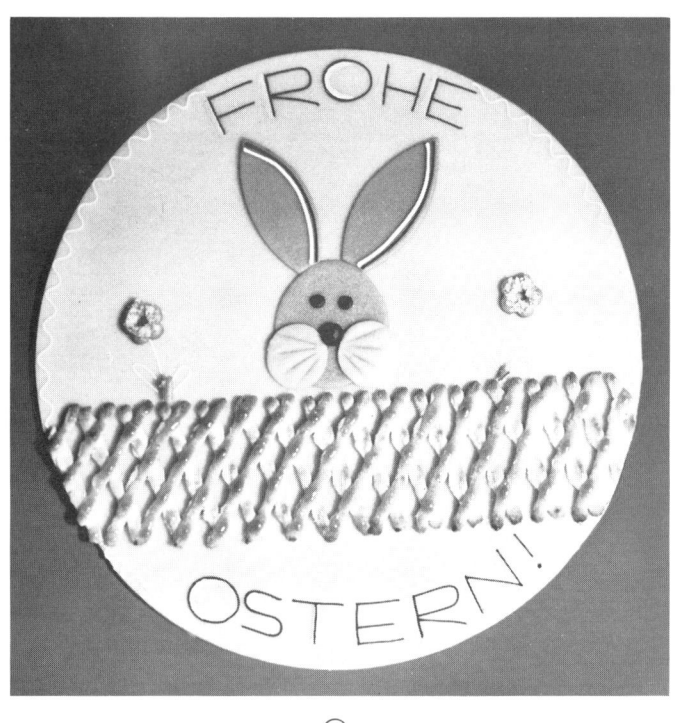

⑦

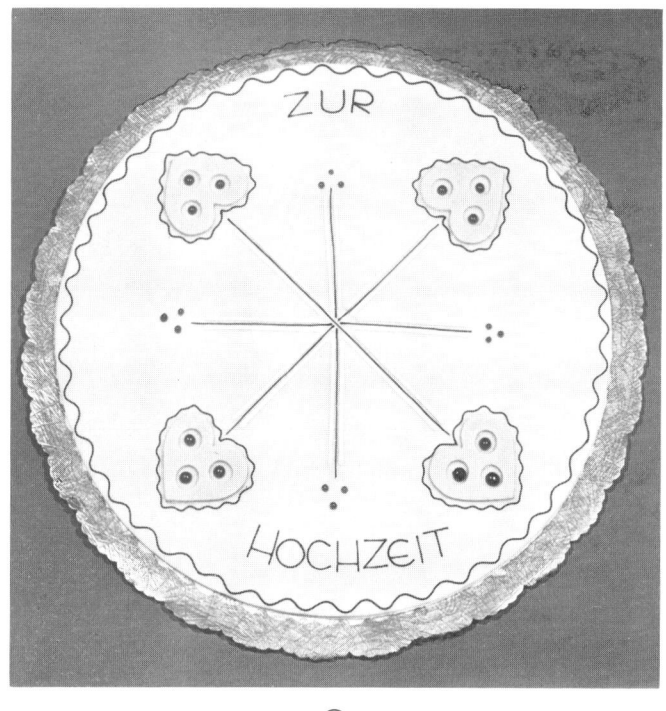

⑧

Thema: Frohe Ostern

Das Schmücken der Torte ist in rationeller Fertigung herzustellen. Der Gartenzaun ist in Eigelbmakronenmasse beliebig lang zu spritzen, nach dem Abflämmen in das gewünschte Maß zu schneiden und aufzulegen. Mit verschieden großen, runden Ausstechern wird der Hasenkopf zusammengesetzt. Spritzschokolade und Spritzglasur werden für Beschriftung und Randgarnierung verwendet.

Thema: Hochzeit

Die symmetrische Aufteilung der Oberfläche vom Zentrum her ist eine Variante, die sowohl der Festtags- als auch der Aufschnittorte zugute kommt. Vier rosa Marzipanherzen sowie Spritzschokolade, Marmelade und Fondant finden zum Schmücken Verwendung.

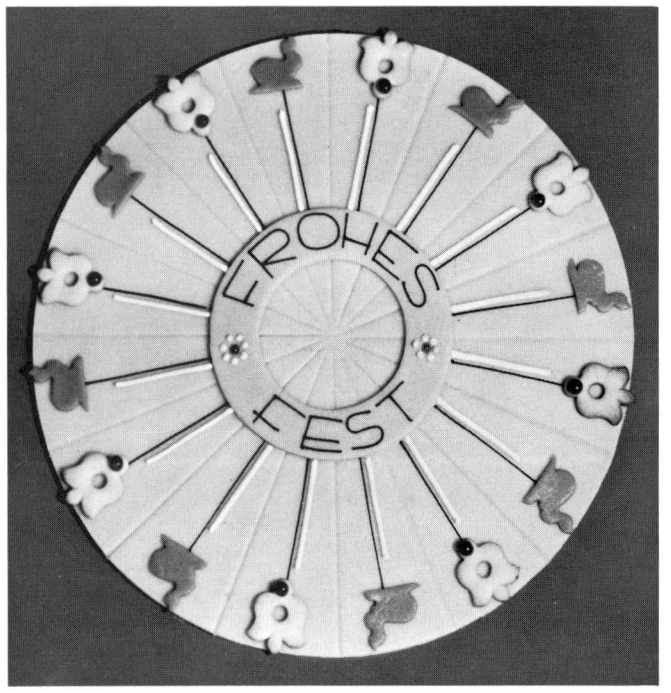

⑨

⑩

Thema: Osterfest

Torte mit österlicher Stückgarnierung. Die Glockenblüte aus gebackenem Mürbeteig, das Häschen aus mokkafarbenem Marzipan. Vom Schriftring aus strahlenförmige Garnierung von Spritzschokolade und Fondant.

Thema: Nikolaustag

Tannenzweige und Sterne schmücken den Rand. Zum Garnieren finden Fondant, Spritzschokolade und Marmelade Verwendung.

⑪

⑫

Thema: Frohes Fest

Ausgangspunkt der Garnierung sollte die Mittellinie des Zweiges sein. Die Fertigung der Herzen-Randgarnierung verlangt Konzentration und Fleiß. Zum Schmücken: Spritzschokolade, Marmelade und Fondant.

Thema: Frohe Weihnachten

Verwendung des zeichnerischen Entwurfes Nr. 19, Seite 88. Von der Herzform aus erfolgt die symmetrische Gestaltung. Dazu wurden Spritzschokolade, Fondant und Marmelade verwendet. Das mokkafarbene Marzipan-Schriftband wird aufgelegt.

⑬

⑭

Thema: Weihnachten

Jedes Stück Torte wird durch einen Kremtupfen und einen Marzipanstern geschmückt. Ein Weihnachtsmann, aus Marzipan ausgestochen, ziert das Zentrum der Torte. Einige Tupfen Marmelade tragen zur Gesamtgestaltung bei.

Thema: Jahreswechsel

„Prosit Neujahr" könnte auch für „Alles Gute" stehen, wie es bei unserer Torte der Fall ist. Für das Motiv wurde Entwurf Nr. 10, Seite 72, verwendet. Als Material kamen Spritzglasur, Marmelade, Marzipan und Spritzschokolade in Anwendung.

MOTIVE FÜR

GEBURTSTAG, MUTTERTAG

HOCHZEIT, JUBILÄUM

ERNTEDANK, WEINLESE

FAMILIENFESTE

GLÜCKWUNSCHTORTEN

siehe Abbildungen 1–19, Seite 111–120

①

Thema: Kindergeburtstag

Motiv dem Entwurf Nr. 9, Seite 83, entnommen.
Teddy aus mokkafarbigem Marzipan ausgestochen, Schriftband
aufgelegt. Als Dekor finden Orangeat für die kleinen Herzen,
Fondant, Marmelade und Spritzschokolade Verwendung.

②

③

Thema: Frühling

Mit Hilfe von Pergamentschablonen werden die Blüten mit Spritzschokolade garniert. Diese Technik erleichtert die Ausführung
wesentlich. Als weiteres Dekorationsmaterial finden Spritzglasur
sowie rote und gelbe Marmelade Verwendung.

Thema: Kindergeburtstag

„Wer möchte nicht Häuptling sein?" Dieses Motiv der Torte
würde vielleicht auch größere Kinder erfreuen. Verwendetes Material: Kuvertüre, unverdünnt, für Beschriftung des Marzipanbandes und für die Garnierung, Fondant, Mandeln und Orangeat.

④

⑤

Thema: Kindergeburtstag

Eine schräge Nugatkremlinie schmückt jedes Stück. Der weitere Schmuck besteht aus kleinen Kleeblättern aus Orangeat und Marzipanblüten. Ein Indianer, aus Marzipan ausgestochen, vervollständigt den Schmuck.

Thema: Zum Geburtstag
(siehe spezieller Tortenentwurf Seite 49)

Zuerst sollte der Körper garniert werden, ehe die weitere Gestaltung erfolgt. Auch hier geht eine besondere Wirkung von der schlichten Linienführung aus. Es wurden zum Dekor Fondant, Marmelade, Marzipan und Spritzschokolade verarbeitet.

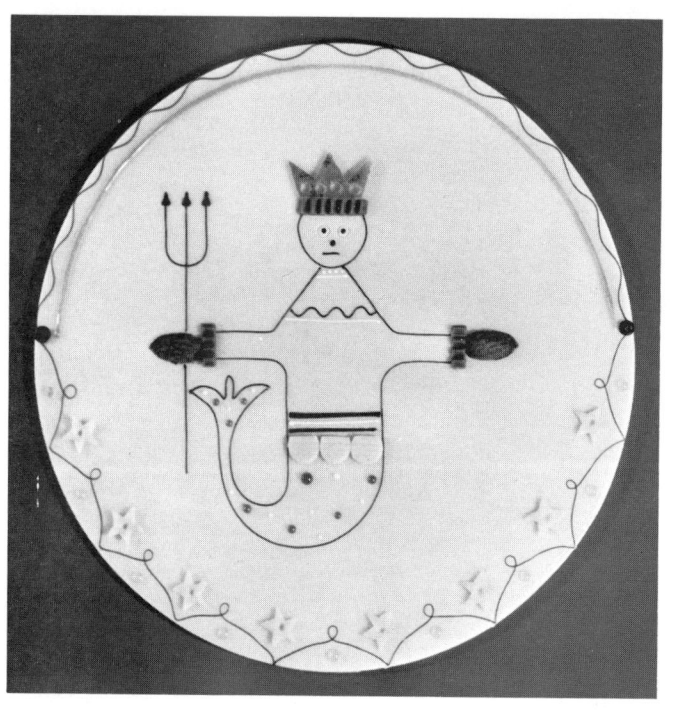

⑥

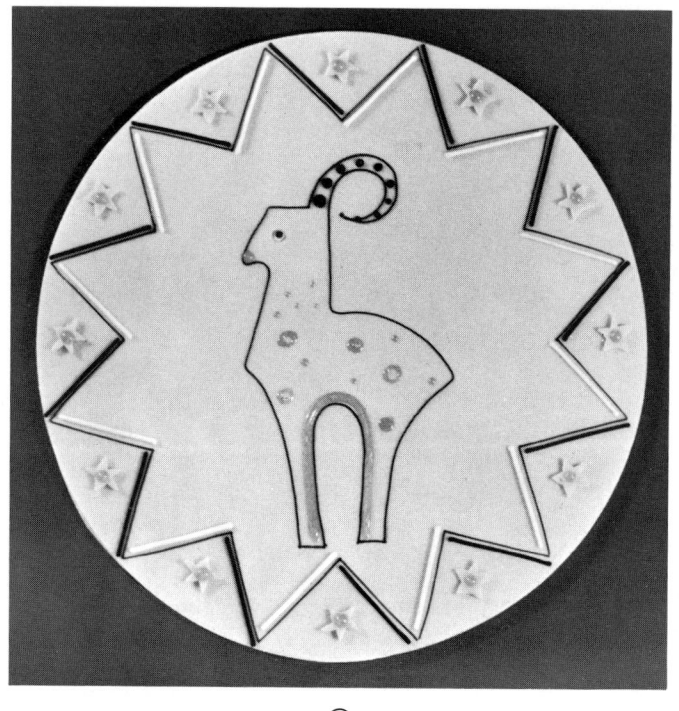

⑦

Thema: Geburtstag (im Zeichen des Wassermanns)

Nach dem Entwurf Nr. 18, Seite 87, wird die Figur garniert. Die Arbeit wird durch Verwendung einer Schablone wesentlich erleichtert. Den Schmuck bilden braune, halbierte Mandeln (Hände), Orangeat (Krone) sowie Spritzschokolade, Fondant und Marmelade.

Thema: Geburtstag (im Zeichen des Steinbockes)

Motiv nach Entwurf Nr. 1, Seite 79, gestaltet. Sternrandgarnierung Spritzschokolade und Fondant bzw. kleiner ausgestochener Marzipanstern. Unterschiedlich große Marmeladetupfen und -ringe vervollständigen den Dekor.

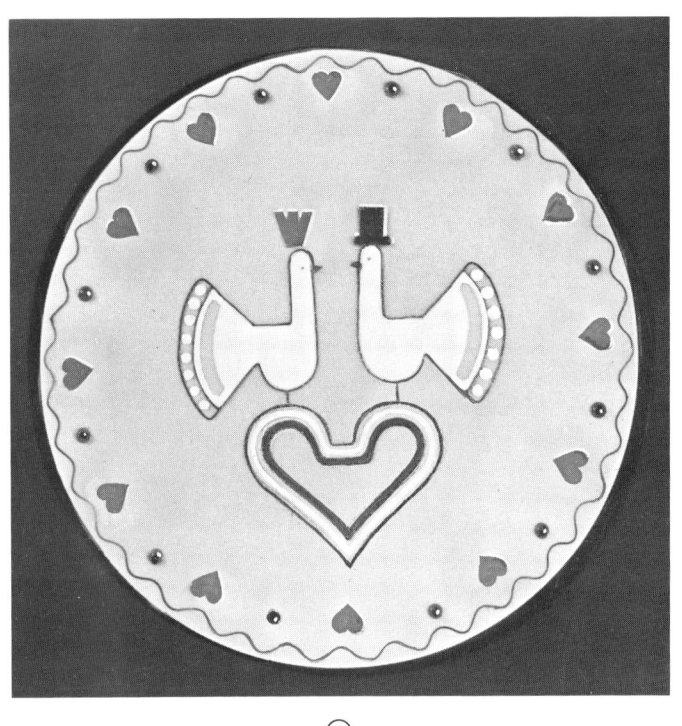

⑧

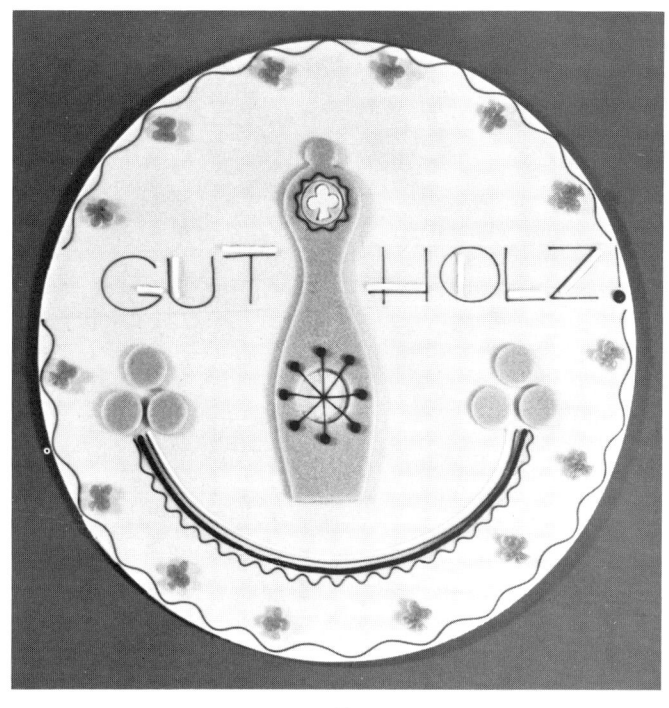

⑨

Thema: Hochzeit

Täubchen und Herz dürfen bei diesem Thema kaum fehlen. „Er" mit einem aus Schokoladenmarzipan ausgestochenen Zylinder, „Sie" mit einem Krönchen aus Orangeat. Verwendetes Material zum Schmücken: Fondant, Marmelade und Spritzschokolade. Verwendung des zeichnerischen Entwurfs Nr. 17, Seite 87.

Thema: Kegelabend

Der Königskegel sowie auch die Kugeln werden aus mokkafarbenem, dünn ausgerolltem Marzipan ausgestochen. Als Symbol des Glücks werden kleine Kleeblätter aus Orangeat bei der Randgarnierung mitverwendet. Außerdem kommen Spritzschokolade und Fondant zum Einsatz.

⑩   ⑪

Thema: Erntedank

Der zeichnerische Entwurf Nr. 3, Seite 80, hat hier eine materialgerechte Umdeutung erfahren. Von der senkrechten Spritzschoko-
ladelinie des Ährenhalmes aus erfolgt die weitere symmetrische
Ausschmückung. Blüten und Früchte, aus Marzipan ausgestochen,
umranken die Ähre. Text in moderner Garnierschrift. Eine flache
Wellenlinie aus Marmelade schmückt den Rand.

Thema: Jubiläum

Die Zahl 25 ist aus einer dünnen Marzipanrolle gelegt worden.
Es umrandet sie ein Kranz mit verschieden ausgestochenen Marzipanblüten. Bei dem Text wurde Schreib- und Dekorschrift angewendet. Der Rand besteht aus einer sehr flachen Wellenlinie aus
Marmelade. Spritzschokolade, Fondant wurden beim Dekor mit-
verarbeitet.

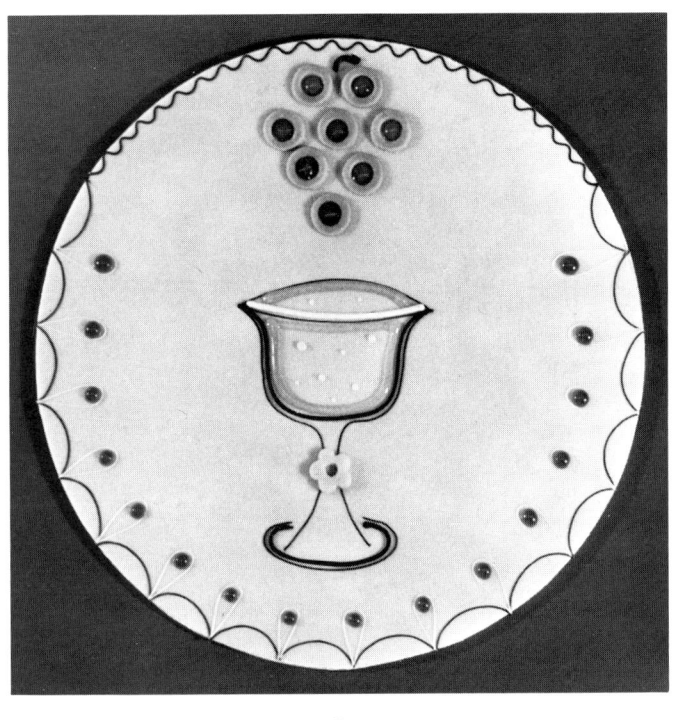

⑫

⑬

Thema: Weinlese:

Einfache Darstellung des Pokales und der Traube, symbolisch für das köstliche Naß. Besonders unterschiedliche Darstellung der Randgarnierung. Verwendetes Material: Spritzschokolade, Marmelade, Marzipan und Spritzglasur. Zeichnerische Darstellung nach Entwurf Nr. 16, Seite 86.

Thema: Gartenfest

Als Motiv sind Phantasieblumen gewählt. Die symmetrische Anordnung erleichtert die Gestaltung, Blumentopfrand ist gebackener Mürbteig. Als weiteres Material wurden Fondant, Marmelade und Spritzschokolade verwendet.

⑭

⑮

Thema: Geburtstag (mit Zahl)

Die asymmetrische Aufteilung der Oberfläche in vier Felder ist schwerpunktmäßig zu gestalten. Für die beiden aus gelbem Marzipan ausgeschnittenen Blüten wird die größere Fläche gewählt, dann folgt das untere Feld mit der Zahl, umrahmt von Schokoladenmarzipan. Die weitere Ausschmückung mit Spritzschokolade, Glasur und Marmelade ergänzt und verstärkt den Gesamteindruck.

Thema: Muttertag

Hier ist beim Schmücken der Torte ganz besonders auf die einfache Materialgestaltung der Blüten Wert gelegt worden. Mittlere Blüte — ausgestochene Kuvertüre in Rautenform. Die Blüten links und rechts davon sind aus Marzipan, mit einem glatten und gezackten Ausstecher hergestellt. Mit unverdünnter Kuvertüre erfolgt die Beschriftung des Marzipanbandes. Spritzschokolade, Fondant, Marmelade und zwei halbe rote Chellis finden zum Schmücken Verwendung.

⑯

⑰

Thema: Segelregatta

Dieses Segelboot als Motiv ist einfach in der Gestaltung. Der
übrige Schmuck tritt dezent zurück. Auf eine besondere Randgarnierung ist verzichtet worden. Hier erfüllt eine Linie von
Marmelade, die mit gehobelten Mandeln versehen ist, ihren
Zweck. Bootskörper: gebackener Mürbteig. Fondant und Spritzschokolade werden zum übrigen Schmücken verwendet.

Thema: Weihnachten

Die einfache, stilisierte Form des Tannenbaumes wird in besonderem Maße von der Garniertechnik mit Spritzschokolade und
Marmelade bestimmt. Das gilt auch für die eigenwillige Form
von mokkafarbenem Marzipanaufleger und Schrift. Durch gelbe
Marzipansterne und Spritzglasur wird der Dekor vervollständigt.

119

⑱

⑲

Thema: Muttertag

Das Motiv (Kind mit Blumenstrauß) wurde aus dünn ausgerolltem Schokoladen-, Mokka- und weißem Marzipan ausgestochen und mit Marmelade, Spritzglasur und Schokolade geschmückt.

Thema: Taufe

Das Motiv (Kinderwagen) wurde aus dünn ausgerolltem weißen und mokkafarbenem Marzipan ausgestochen, die Oberfläche profiliert und mit Spritzschokolade, Fondant und Marmelade geschmückt.

Thema: Kindergeburtstag

Hierfür entwerfen wir einen Pudel in Anlehnung an die Skizze auf Seite 43. Den zweiten Pudel übertragen wir seitenverkehrt auf die Zeichnung. Wir benötigen also nur eine Gießform für beide Pudel, weil die gleiche Technik angewendet wird. Es wird einmal die ganze Figur, dazu die einzelnen Teile (Ohr, Bein usw.) gegossen, die dann nach dem Schmücken mit Hagelzucker aufgelegt werden. Die Figuren werden in zwei ovale Sockel eingefügt.

121

HINWEISE
für das Schmücken der Tortenoberfläche

1. Zur Gestaltung einer Festtagstorte ist die Skizze in Originalgröße von besonderem Wert, sie trägt zur rationellen Fertigung wesentlich bei.

2. Arbeitshilfen wie Ausstecher, Schablonen u. a. helfen bei der exakten Formgebung von Motiven (Herz, Blüte, Taube) usw.

3. Beschriftungen sollten wenn möglich auf Marzipanbändern oder -ringen erfolgen, das gibt im ganzen mehr Sicherheit in der Raumaufteilung von Randgarnierung, Motiv (Figur) und Text.

4. Bevor die Torte mit Fondant glasiert wird, ist diese mit dünn ausgerolltem Marzipan zu decken und mit Aprikosenmarmelade zu bestreichen.

5. Um dem Fondant einen schönen Glanz zu geben, sollen ca. 10 % Glykosesirup oder Eiweiß zugesetzt werden. Zum Überziehen wird der Fondant auf etwa 37° C erwärmt und aromatisiert.

6. Dort, wo ausgerollter Marzipan geschnitten oder ausgestochen aufgelegt wird, sollte die Oberfläche frei von Staubzucker sein und dünn mit Kakaobutter bestrichen werden.

7. Spritzglasur: 30 g Eiweiß, etwa 130 g Staubzucker schaumig rühren und einen Tropfen Zitronensäure beigeben. Zum Auslassen von Blüten oder anderen Figuren mit Spritzglasur werden dieser einige Tropfen Wasser beigegeben, so daß sie besser fließt.

8. Marmelade zum Ausgarnieren muß gekocht werden, um Glanz und Stand zu bekommen. 150 g Aprikosenmarmelade, 50 g Glykosesirup 45° Bé, 50 g Zucker, 40 g Wasser aufkochen, passieren und eventuell färben.

9. Ornamente aus Hippen- und Brandmasse werden auf gewachste Jenaer-Glas-Platten gespritzt und gebacken. Hippenmasse: 50 g Vollei, 50 g Staubzucker, Zimt schaumig rühren, 50 g Mehl unterrühren und eventuell etwas Rahm beigeben. Brandmasse: 20 g Kokosfett, 20 g Wasser, 20 g Milch, Salz, Zitrone kochen, 45 g Mehl beigeben, abrösten und dann 60 g Vollei unterspateln.

10. Umrandungen der Ornamente aus heller oder dunkler Kuvertüre auf Pergamin oder dünne Folie spritzen. 100 g Kuvertüre 60/40 oder Milchkuvertüre, temperiert, ca. 10–15 g Kakaopulver unterrühren. Auslassen der Schmuckteile mit 100 g temperierter 60/40 Kuvertüre oder Milchkuvertüre, die mit 10–15 g Kakaobutter verdünnt ist.

11. Spritzschokolade: 100 g 60/40 Kuvertüre lösen, ca. 60 g Kondensmilch (ungezuckert, 10 % Milchfett) nach und nach einrühren und 5 g Glykosesirup dazugeben.

Thema: Jahrestag

Die Blüten sind mit Hilfe eines runden Ausstechers aus gelbem Marzipan ausgestochen und mit Mandeln und Marmelade geschmückt worden. Der ausgerollte Schokoladenmarzipan, asymmetrisch geschnitten und rund ausgestochen, wird aufgelegt und die Zahl mit Spritzschokolade garniert.

Thema: Frühlingszeit

Diese Arbeit verlangt eine gut ausgearbeitete Skizze, nach der die Schablonen gefertigt werden. Ohne diese sollte mit dem Garnieren nicht begonnen werden. Hier ist in jedem Falle die Arbeitsvorbereitung von größter Wichtigkeit.

123

Thema: Gute Fahrt

Voraussetzung für die problemlose Ausführung dieser Garnier-arbeit ist die Einbeziehung von Schablonen. Durch das Auslas-sen von nur einigen Teilen mit verdünnter Spritzglasur wird die besondere Wirkung erzielt. Der Farbgebung kommt dabei eine besondere Bedeutung zu.

Thema: Hochzeit

Die Umrandung von Herz und Täubchen geschieht mit Hilfe von Pergaminschablonen. Es wird nichts dem Zufall überlassen. Fol-gerichtige Überlegungen und handwerkliche Fertigkeit bringen Arbeitserleichterung und schließlich Erfolg.

Thema: Alles Gute

Die Blume, aus acht lanzenförmigen Blütenblättern aus Marzipan ausgestochen, ist das Mittelstück. Diese Technik eröffnet viele Möglichkeiten, aus verschiedenen Grundformen (Tropfen, Ellipse usw.) aus Marzipan, Kuvertüre, Krokant u. a. Blüten zu bilden.

Thema: Zum Muttertag

Diese Blüte wurde nach dem Entwurf auf Seite 84/11 gestaltet. Durch Profilierung der Oberfläche, wie es bei dem aus mokkafarbenem Marzipan ausgestochenen Herz geschah, wird eine positive Wirkung erzielt.

Thema: Zum Geburtstag

Beim Entwurf hat die stilisierte Blüte auf Seite 28/2 Pate gestanden. Die Blätter sind von der Tropfenform in die Ellipsenform geändert worden. Der Text wird auf mokkafarbenes Marzipanband garniert und aufgelegt.

Thema: Gartenfest

Das Motiv Blume mit Blättern prägt die Gestaltung der Oberfläche. Die Gesamtwirkung wird noch durch den glänzenden Fondantüberzug erhöht, der die richtige Verarbeitung des Materials erkennen läßt.

Das Werbestück und die Formtorte ergeben das Meisterstück. Sie sollten gestaltungs- und ideenmäßig aufeinander abgestimmt sein. Unter einer Formtorte ist ein Erzeugnis zu verstehen, das in Böden, Füllung und Garnierung einer Torte entspricht, jedoch in seiner äußeren Form von dem Rund der Torte abweicht. Das Formstück kann sowohl eine geometrische Grundform haben mit einer figürlichen Garnierung als auch eine figürliche Grundform.

Beispiele: Blume: Taubenpaar, Hufeisen, Glocke, Wappen, Osterhase. Der Entwurf des Formstückes in Form einer Werkzeichnung soll Grundriß mit Garnierung, Ornamenten und Anschnitt zeigen und mit Tusche und Buntstift ausgeführt werden. Ergeben sich bei der Anfertigung des Formstückes verbessernde Änderungen, mindern diese keineswegs den Wert der Zeichnung. Für den Entwurf des Werbestückes gelten die gleichen Richtlinien. Unter einem Werbestück ist ein Erzeugnis zu verstehen, das im Gegensatz zum Formstück aufrecht gestellt wird. Es wird daher aus einem Material von größerer Festigkeit angefertigt, z. B. aus Karamel, Schokolade, Makronen-, Baisermasse, Krokant. Zu einer geometrischen Grundform des Formstückes wird in den meisten Fällen ein Werbestück mit figürlicher Grundform passen und umgekehrt. Ideenmäßig können beide Stücke die gleichen Motive bringen oder solche, die sich sinngemäß ergänzen. Dem Schönheitsgefühl entsprechend sollen beide Stücke in ihrer Gestaltung eine klare, einfache Linienführung in ausgewogenen Proportionen aufweisen. Die Garnierung soll nicht überladen sein. Beim Werbestück sind Leichtigkeit und Eleganz anzustreben. Formstück und Werbestück sollen auch farblich und in der Materialwirkung aufeinander abgestimmt sein. Fremdmaterial ist tunlichst zu vermeiden. Durch den Einsatz verschiedener Materialien (Nüsse, Mandeln, Kirschen, Makronen, Ornamente, Schokolade u. a.) wird eine wirkungsvolle Oberflächengestaltung erreicht.

Die Bewertungsmerkmale sind: Wirtschaftlichkeit, Handwerklichkeit, Form, Farbe, Material und nicht zuletzt Geschmack und Geruch.

Thema: Schwarzwaldfest

Die Gestaltung des Schwarzwälder Paares haben wir vom figürlichen Zeichnen auf Seite 39 übernommen. Zuerst wird das rote, ca. 3 cm breite Karamelband für das Dach gegossen. In dieses Dach wird nun das Wetterhaus eingegossen und daran anschließend die beiden Figuren. Zwei dreieckige Karamelstützen dienen als Halterung. Dekor: Spritzglasur und Schokoladenmarzipan für die Schuhe.

Thema: Gartenfest

In die Gestaltung dieses Werbestückes wurde sowohl die Skizze 2 auf Seite 28 für die Blumenkorbschale, als auch die Skizze 7 auf Seite 82 für die Tulpen einbezogen. Die vier Stengel vereinigen sich am Schalenrand und münden in den Sockel. Die beiden blütenförmigen Schalen, die vier Tulpen und die Blätter werden an den Stengeln befestigt. Zuletzt wird der Henkel, das gebogene lila Karamelband, mit Klarkaramel angebracht. Als Schmuck dienen Schokoladen- und Hippen- und Brandmasseornamente.

Thema: Geburtstag

Bei der Gestaltung der Blumenschale diente die Skizze 2 auf Seite 28 als Vorlage. Die beiden Teile werden jeweils vor und hinter dem Stengel, der in die beiden runden Sockel mündet, angegossen. Die drei Blumen werden aus Hippen- und Brandmasse auf geölte Jenaer-Glas-Platten gespritzt und gebacken. Sie werden mit Karamel auf den Stengeln befestigt und mit einem blauen Karamelpunkt und gehobelten Mandeln geschmückt.

HINWEISE
für das Zuckerkochen

1. a) **Zuckerlösung** Bestandteile: Kristallzucker, weiß, Wasser, Stärkesirup 45 ° Bé und eventuell flüssiger Farbstoff.

   b) **Verhältnis** 1000 g Zucker, 500 g Wasser, 15–20 % Stärkesirup, vom Zuckeranteil gerechnet.

   c) **Zuckermenge**, die für ein Werbestück benötigt wird, richtet sich nach Größe, Umfang und Stärke des zu gießenden Werbestückes.

2. **Geräte:** sauberer Kessel bzw. Kasserolle, Spatel, Pinsel, Zuckerthermometer, Schaumlöffel.

3. **Lösungsvorgang:** Zuerst Wasser, dann Zucker in den Kessel geben, unter schwacher Hitzeeinwirkung die Lösung zum Kochpunkt bringen. Dabei müssen alle Zuckerkristalle gelöst sein, auch jene, die an der Wandung des Kessels haften oder sich gebildet haben.

4. **Die Zuckerlösung** wird nun für ca. 5 Minuten von der Kochstelle genommen und mit einem Alublech abgedeckt. Während dieser kurzen Ruhezeit des Sudes können sich auch kleinste Zuckerkristalle noch lösen. Anschließend wird die Oberfläche der Lösung abgeschäumt.

5. **Der Stärkesirup** wird erst jetzt der Lösung beigegeben und kurz zum Aufkochen gebracht. Nun ist die Zuckerlösung zur Weiterverarbeitung aufbereitet.

6. **Kochen der Zuckerlösung:** Die zum Gießen erforderliche Sudmenge wird abgemessen und in eine entsprechend große Kasserolle gegeben. Das Weiterkochen zu Karamel sollte unter kräftiger Hitzeeinwirkung erfolgen.

7. a) **Die Behandlung des Sudes beim Kochen:** Es ist auf sorgfältiges Zusammenwaschen mit einem sauberen, nassen Pinsel zu achten.

   b) **Die Farbbeigabe** erfolgt bei ca. 120° C. Milcheiweiß oder auch kondensierte Milch sollte später bei ca. 130° C beigefügt werden. Die Farbintensität wird durch das Weiterkochen (Verdampfen des Wassers) erhöht, das muß berücksichtigt werden.

8. **Kochgrad des Karamels** liegt bei 142–150° C und wird bestimmt durch die Aufgabe, die das Karamelteil zu erfüllen hat, ob es ein tragendes oder ein schmückendes Teil ist. Auch die Größe spielt dabei eine Rolle.

9. **Vor Erreichen des Kochgrades** sollte die Hitzezufuhr zurückgenommen werden, um das Überschreiten des gewünschten Kochgrades zu vermeiden. Ist der Kochgrad erreicht, wird die Kasserolle sofort vom Kocher genommen und kurz in kaltem Wasser abgeschreckt, so daß vom Kochgefäß her keine weitere Erhitzung des Karamels erfolgt.

10. a) **Färben oder Nachfärben** des fertig gekochten Karamels darf nur unter Schwenken erfolgen (Verteilung des Farbstoffes). Auf keinen Fall darf untergerührt werden (kristallisieren, absterben).

    b) **Das Gießen des Karamels** sollte sofort und zügig vor sich gehen, um das gleichmäßige Fließen des Karamels zu erreichen.

Thema: Ostern

Dieses zweiteilige Werbestück verlangt zur Herstellung einen relativ geringen Zeitaufwand bei hohem Nutzeffekt. Voraussetzung sind die gelungene Formgebung, schöne, klare Farben und das handwerkliche Können. Das zeigt sich besonders deutlich beim Ausgarnieren mit Spritzglasur und dem Anbringen von Schmuckmaterial. Dem Sockel kommt die stützende Aufgabe zu, er sollte nicht größer als erforderlich sein, um nicht die Wirkung des Werbestückes selbst zu mindern.

Thema: Ostern

Als Hilfe bei der Gestaltung des Werbestückes wurden u. a. als Vorlage für das Ei Skizze 7, Seite 13, für die Blumen Skizze 2, Seite 24, und Skizze 7, Seite 82, verwendet. Ein in der Mitte ca. 5 cm breites, sich an den Enden verjüngendes 1,5 cm breites Karamelband trägt zur Stützung bei. Dieses wird an die Eiform angegossen. Alle Teile (Blumen, Schleife, Stengel) werden extra gegossen, teils auch gebogen und mit Klarkaramel auf der Grundform befestigt. Eine rechteckige Karamelplatte stützt das Ei.

HINWEISE

für Werkzeuge, Geräte und Hilfsmittel, die zur Herstellung und Weiterbearbeitung von Karamel erforderlich sind.

1. Ein exakt funktionierendes Zuckerthermometer. Probe in kochendem Wasser vornehmen (bei Celsius soll das Thermometer 100°, bei Reaumur 80° anzeigen).

2. Kasserollen zum Kochen des Zuckers sollten peinlich sauber sein und in verschiedenen Größen zur Verfügung stehen.

3. Flachpinsel werden sowohl für das Zusammenwaschen des Kesselrandes, als auch zum Ölen der Marmorplatte benötigt.

4. Ein Schaumlöffel ist für das Abheben der im Schaum befindlichen Staubteilchen erforderlich.

5. Verschiedene flüssige Lebensmittelfarben bester Qualität zum Färben des Zuckersudes.

6. Ein schmales, langes und ein kurzes, spitzes Messer zum Lösen von Karamelteilen von der Marmorplatte.

7. Zum Erwärmen und weiteren Verformen des Karamels können je nach Technik Bunsenbrenner, kleiner Spirituskocher, Fön, Infrarotlampe und Backofen eingesetzt werden.

8. Der Karamelguß kann auf der leicht geölten Marmorplatte, auf mit Silikone beschichtetem Papier oder Stanniolpapier vorgenommen werden.

9. Die Form, in welche der Karamel gegossen werden soll, kann aus gebogenem Blechband, Gummi, Silikonekautschuk, Plastilin o. ä. bestehen.

10. Zum Aufrichten des Werbestückes sind ein rechter Winkel und ein Laborstativ als Halterung des Stückes von großem Nutzen.

HINWEISE

für die Herstellung des Werbestückes

1. Für das gewählte bestimmte Thema (Ostern, Weihnachten usw.) ist ein den Anlaß treffendes Motiv (Hase, Nikolaus usw.) zu finden, von dem ein werbendes Moment ausgeht.

2. Der erste Schritt ist eine Handskizze, die nach gründlicher Korrektur in stilisierter, konstruktiver Zeichentechnik zur Originalgröße hin vergrößert wird.

3. Die Vergrößerung wird mit Hilfe des Quadratnetzes, wie auf Seite 66 beschrieben, vorgenommen. Diese Technik erleichtert die Arbeit und trägt zum exakten Zeichnen bei.

4. Die Originalzeichnung wird in ihren einzelnen Teilen farblich bestimmt und das geeignete Material zur Herstellung des Werbestückes gewählt.

5. Da Werbestücke, mit wenigen Ausnahmen, aufgerichtet werden, ohne daß Fremdmaterial (Holz, Draht) u. a. mitverwendet werden darf, kommt nur ein Material von bestimmter Festigkeit (Krokant, Karamel) u. a. in Betracht.

6. Hier bietet Karamel mit seinen verschiedenen Techniken die meisten Möglichkeiten der Gestaltung in bezug auf Form und Farbgebung.

7. Krokant, Gelatinezucker, Kuvertüre sind zur Herstellung von Werbestücken und Tafelaufsätzen gut geeignet, hierbei ist der Anlaß, das Motiv in die Überlegung einzubeziehen.

8. Im Zweifelsfall sollten bei der Wahl des zu verarbeitenden Materials ausreichende Kenntnis und das Können auf diesem Gebiete bestimmend sein.

9. Bevor das Werbestück aufgerichtet wird, ist es in allen Einzelheiten auszugarnieren, eingeschlossen auch das Anbringen der Schmuckteile. Auch hier sollte auf die Aussagekraft des Materials von Nüssen, Mandeln, Schokolade usw. nicht verzichtet werden.

10. Das Werbestück muß in Form und Farbgebung ein Konditorerzeugnis bleiben, welches Zeugnis handwerklichen Könnens ablegt und einen werbenden, optischen Reiz ausübt.

HINWEISE
für verschiedene Techniken
bei der Karamelverarbeitung

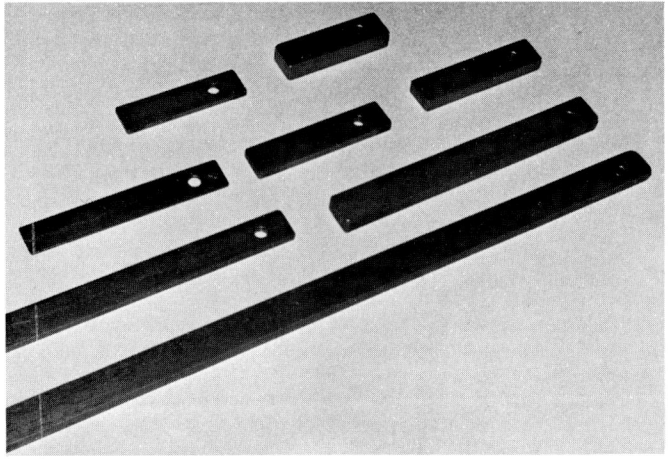

1. Eisenstäbe verschiedener Länge und Stärke helfen beim Vergießen von Karamel, in besonderem Maße bei Karamelbändern.

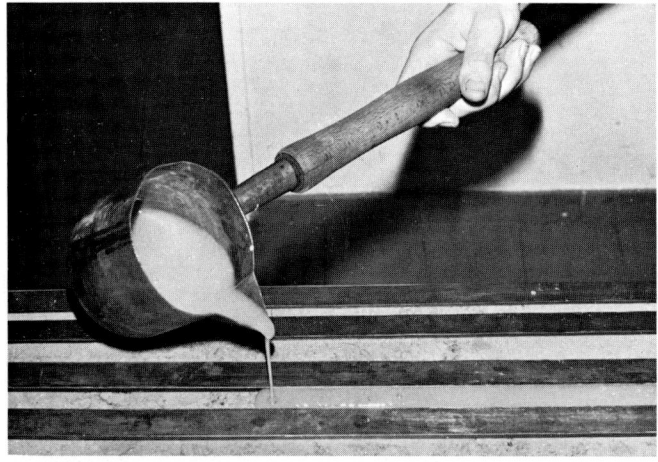

2. Das Gießen von Karamel sollte in der Weise erfolgen, daß der Karamelstrahl den Guß vorantreibt.

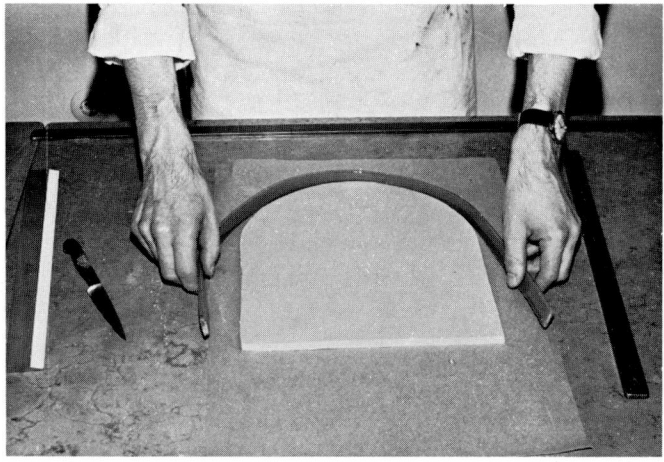

3. Das im Ofen erwärmte Karamelband wird um die Form aus Gummi, Plastilin o. a. gelegt.

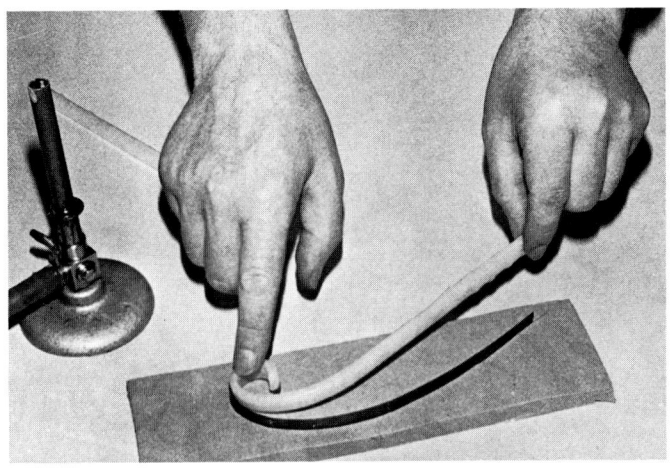

4. Ein schmales Karamelband wird über dem Bunsenbrenner erwärmt und nach einer Vorlage aus Blechband gebogen.

5. Mit dem Fön läßt sich diese Technik des Biegens von Karamel auch durchführen.

6. Die Marmorplatte wird gleichmäßig dünn geölt, die Schablone aus Pappe oder Sperrholz aufgelegt und mit Weizenpuder übersiebt.

7. Die Schablone wird vorsichtig abgehoben, so daß kein Puder auf die Form fällt.

8. Nun wird der Karamel in die Form gegossen. Die Puderumrandung verhindert das Ausfließen des Karamels.

9. In Gummischablonen, deren Ränder mit Talkum gepudert wurden, läßt sich Karamel problemlos vergießen.

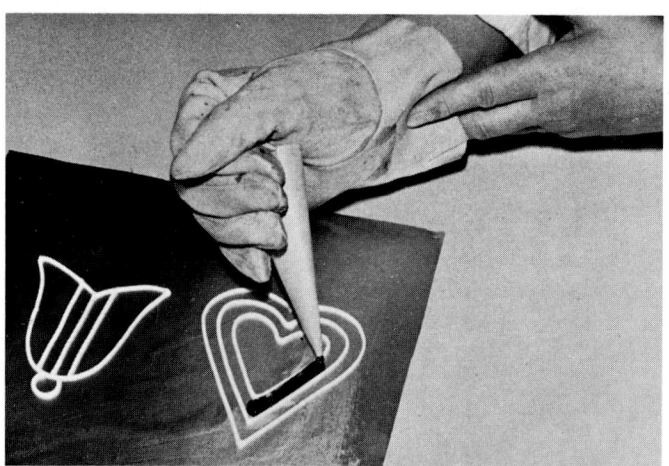

10. Die Blütenform wird mit Bleistift auf die leicht geölte Marmorplatte gepaust und mit Karamel nachgespritzt (doppelte Papiertüte und Lederhandschuh).

11. Auf Aluminiumfolie aufgezeichnete Figuren werden mit Spritzglasur umrandet. Wenn die Glasur angetrocknet ist, wird der Karamel mit der Tüte eingespritzt.

Thema: Zur Verlobung

Die Blume wird in etwa nach der Skizze 2 auf Seite 24 und der Herzform auf Seite 17 gestaltet. Der Stengel ist der tragende Teil, an ihm werden die einzelnen Stücke befestigt. Zur Halterung dienen zwei rechteckige Karamelplatten. Zum Ausschmücken finden für die Ornamente Hippen- und Brandmasse sowie Spritzglasur und Mandeln Verwendung.

Thema: Skatabend

Nach der Vorlage einer Spielkarte wird das Werbestück in stilisierter Form entwickelt. Zuerst muß das braune, ca. 2 cm breite Karamelband gegossen und gebogen werden, dann wird der milchweiße Rahmen und anschließend die Figur in den einzelnen Farben eingegossen. Nach Ausschmücken des Werbestückes mit Mandeln und Bart aus Hippen- und Brandmasse wird es mit zwei Karamelstützen in Kleeblattform aufgerichtet.

Thema: Kinderfasching

Die milchweiße Grundplatte wird an das Karamelband, welches links unten 5 cm und rechts oben 1,5 cm breit ist und gebogen wurde, angegossen. Beide Figuren werden extra gegossen und nach dem Ausgarnieren mit Klarkaramel auf der Platte befestigt. Das breite Karamelband und das Rechteck aus milchweißem Karamel bieten ausreichenden Halt für das Werbestück. Dekormaterial: Hippen- und Brandmasse, Spritzglasur u. a.

Thema: Jahreswechsel

Für die Gestaltung des Werbestückes wurden auf Seite 78 Anregungen gegeben. Der mit Kuvertüre überzogene Baumkuchen wird auf die Beine gesetzt (ein Karamelband, das zur Walze gebogen wird). Durch Ausschneiden eines Stückes Baumkuchen können die Arme eingehängt werden. Kopf und Zylinder hält ein milchweißer Sockel. Leiter und Besen sind mit Karamel an den Armen befestigt.

Thema: Schönes Württemberg

Als erstes gießen wir das ca. 2 cm breite Karamelband und biegen es nach der Zeichnung wappenförmig. Im Anschluß wird der gelbe und weiße Grund eingegossen. Die drei Löwen werden extra gegossen und aufgelegt. Zwei ovale Sockel verschiedener Größe und eine Stütze halten das Werbestück. Die Krone wird aus Hippen- und Brandmasse hergestellt.

Thema: Wien bleibt Wien

Zwei weltberühmte Motive, die Reitschule und der Stephansdom, wurden in stilisierter Form gestaltet. Der Dom sowie Roß und Reiter werden extra gegossen und dann mit Karamel zusammengefügt. Ausgeschmückt wird mit Schokoladen- und Königsberger Marzipan, Hippen- und Brandmasse. Zwei verschieden große Karameldreiecke werden zum Aufrichten des Werbestückes benötigt.

137

Thema: Muttertag

Dem Stengel kommt die tragende Rolle zu. An ihm werden die einzelnen Teile mit Klarkaramel befestigt. Die Blumen aus Baisermasse sind nach der Skizze 2 auf Seite 24 gestaltet worden. Phantasievögel werden am Stengel und an den Herzen mit Klarkaramel befestigt. Zwei rechteckige Karamelstreifen stützen das Werbestück. Ausgeschmückt wird mit Schokoladen-, Hippen- und Brandmasseornamenten.

Thema: Kinderkostümfest

Der Zucker für tragende Karamelteile wie Stengel, Beine u. a. sollte bis auf 148–150 ° C gekocht werden. Das trifft auch für diese Figur zu. Um eine enge Verbindung der aneinanderzugießenden Karamelteile zu erreichen, müssen die Ränder mit einem heißen Messer angeschmolzen werden, um sie frei von Öl und Talkum zu halten. Ausgeschmückt wird mit Marzipan, Mandeln und Spritzglasur.

138

Thema: Ostern

In Anlehnung an die Skizze auf Seite 45 wurde dieses Werbestück entwickelt. Das in der Mitte ca. 5 cm breite und sich nach beiden Seiten hin auf ca. 1,5 cm verjüngende, gebogene Karamelband wird in die Eigrundform eingegossen. Die Schwanzfedern werden aus schmalen Karamelbändern gebogen und zusammen mit Kopf und Körper der Figur mit Klarkaramel auf dem Ei befestigt. Dekormaterial: Spritzglasur und Mandeln.

Thema: Muttis Geburtstag

Hier ist die plakative Gestaltung des Werbestückes erfolgt. Auf die milchweiße Grundplatte ist die Figur – extra aneinandergegossen – aufgelegt und mit Klarkaramel befestigt worden. Die Ausgarnierung erfolgt u. a. mit Mandeln, Marzipan und Spritzglasur, ehe das Werbestück mit Hilfe von zwei Karamelstützen aufgerichtet wird.

139

HINWEISE
für die Herstellung der Formtorte

1. Zur Ausführung der Formtorte ist eine Werkzeichnung in Originalgröße unerläßlich, die eine exakte Aussage über Form, Art der Masse, Füllung und Oberflächengestaltung macht.

2. Die Fläche der Torte wird in der Regel 30–50 Prozent größer sein als eine vergleichbare Torte von 26 cm Durchmesser. Die Höhe einschließlich Garnierung sollte der vorteilhaften Optik wegen 4 cm nicht überschreiten.

3. Bei der Wahl von Tortenmasse und passender Füllung ist ein Höchstmaß an Qualität und Bekömmlichkeit anzustreben. Eine Anhäufung feinster Materialien (Marzipan, Nugat, Butter usw.) würde dem Charakter und der Vorstellung von einer Torte nicht entsprechen.

4. Das Geschmacksempfinden ist subjektiv, hier sollten mit großer Sorgfalt feine, ausgewogene Kompositionen von Masse und Füllung gewählt werden.

5. Die Verwendung von deutschem Butterkrem ist dafür besonders geeignet. Er zeichnet sich aus durch kräftigen Geschmack, relativ hohe Aufnahmefähigkeit von Aromaträgern, ohne zu gerinnen.

6. Schwere Massen sollten in einer besonders dafür gebogenen Blechrandform gebacken werden, um das Breitlaufen zu vermeiden. Bei leichteren Massen ist das Aufstreichen auf Papier vorteilhafter.

7. Die Böden sollten dünn mit Krem gefüllt und eingestrichen werden, das trägt wesentlich zum allgemeinen, positiven Geschmacksempfinden bei.

8. Die Schablone hilft, die Tortenoberfläche exakt und zeitsparend zu garnieren. Auf einer Plexisglasplatte werden die wichtigsten Konturen des Motivs aus ca. 0,8 cm schmalen Marzipanstreifen gelegt und mit Zapponlack angeklebt. Nach etwa zwei Tagen ist der Marzipan angetrocknet und die Schablone verwendungsfähig.

9. Die zur Ausschmückung erforderlichen Ornamente machen in besonderem Maße eine Aussage zur Handwerklichkeit, das gilt auch für den Einsatz von Früchten, (Mandeln, Ananas, Nüssen u. a.) sowohl im Ganzen als auch im veränderten und gehackten Zustand.

10. Im Ganzen soll die Formtorte ein Ausdruck handwerklichen Könnens sein. Der Geschmack muß vorzüglich, die Gestaltung der Oberfläche gekonnt sein.

Thema: Kindergeburtstag

Drei Schokoladenböden werden mit leichtem Vanillenußkrem gefüllt. Einstrich und Garnierung der Oberfläche erfolgen mit Vanillebutterkrem. Zum Ausschmücken werden u. a. gehackte Mandeln, Mürbeteig, Gelee, Schokoladenornamente eingesetzt.

Thema: Fasching

Die Anregung für diesen Entwurf geht von der Skizze 19 auf Seite 77 aus. Drei Rembrandtböden werden mit Pistazien- und Erdbeerbutterkrem gefüllt, die Torte mit Cointreaubutterkrem eingestrichen und mit Schokoladen- und Cointreaubutterkrem garniert. Figur und Oberfläche werden u. a. mit Schokoladenspänen, Gelee und gehackten Mandeln geschmückt.

Thema: Namenstag

Bei der Gestaltung des Blumenmotivs wurde von der stilisierten Blüte, Skizze 4, auf Seite 29 ausgegangen. Vier Nußböden werden dünn mit Vanillebutterkrem gefüllt. Einstrich und Garnierung gleicher Krem. Mit Nußnugat (mit Kakaobutter verdünnt) wird die Torte ganz überzogen. Schmuck Schokoladenspäne und grellierte Nüsse.

Thema: Jahreswechsel

Vier Mandelböden werden mit Weinkrem gefüllt. Die Torte ganz mit Weinbrandbutterkrem einstreichen, auch die Garnierung wird mit dem gleichen Krem vorgenommen. Weiteres Garniermaterial: Pektingelee für die Schwanzflossen, die Schuppen werden aus Mürbeteigquadraten dargestellt.

Thema: Zum Geburtstag

Die Entwicklung dieser Blume ist nach Abänderung des Entwurfes 2 auf Seite 28 vollzogen worden. Zwei dicke Nußböden (schwere Masse) werden mit Vanillekrem gefüllt. Einstrich und Garnierung der Oberfläche erfolgen mit Rumbutterkrem, der Rand wird mit Mandeln garniert. Zum Ausfüllen der Blütenblätter wird Aprikosengelee verwendet.

Thema: Frühling

Zwei Schokoladen- und einen Mousselineboden mit Ananasbutterkrem füllen. Rand mit einigen gerieften Marzipanstreifen umlegen. Einstrich und Garnierung der Oberfläche erfolgen mit Rumbutterkrem. Jedes der zehn Blütenblätter wird mit einem Schokoladenornament geschmückt.

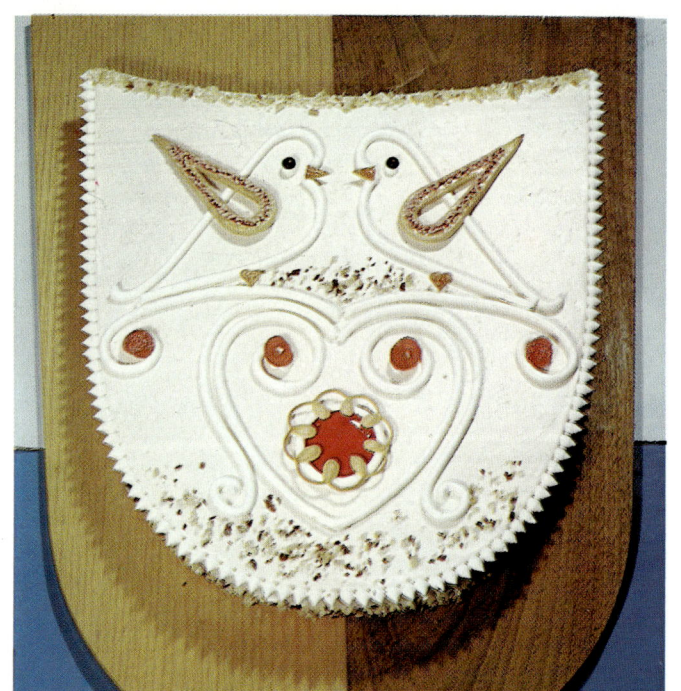

Thema: Zur Hochzeit

Zwei Schokoladen- und einen Mandelboden mit Erdbeerbutterkrem füllen. Einstrich und Garnierung der Oberfläche erfolgen mit Vanillebutterkrem. Die Flügel sind aus Mürbeteig geformt, dazu kommt noch der Schmuck mit Johannisbeergelee und Mandeln.

Thema: Musikfest

Zwei Nuß- und einen Baiserboden mit Mokkabutterkrem füllen. Einstrich und Ausgarnierung der Oberfläche erfolgen mit Kirschwasserbutterkrem. Durch das Aufstreuen von gehackten Mandeln wird dazu beigetragen, daß sich die Violine optisch heraushebt.